Wolfhard Margies

Sein Reich und meine Veränderung

Aufbruch-Verlag

der Gemeinde auf dem Weg
Babelsberger Str. 37
1000 Berlin 31

1. Auflage 1992
ISBN 3-926395-14-1
Umschlaggestaltung: Michael Stefanescu
Satz: Andreas Pertsch, Rolf Volkmann
Druck: Compana, Nürnberg

Inhalt

Vorwort

Die Botschaft dieses Buches entstammt zu weiten Teilen dem Beginn des 12. Kapitels des Römerbriefes, wo es unter anderem schlicht und selbstverständlich heißt: "Verändert euch durch die Erneuerung eures Denkens." Dieses Gebot ist natürlich in einen gewissen Zusammenhang eingebettet, den wir näher untersuchen müssen. Die Kernaussage ist wiederum direkt und klar: Wir können uns verändern, wir sollen uns verändern, und das hat vorwiegend mit unserer Gedankenwelt zu tun.

Das ist mittlerweile mein sechszehntes Buch. Mit jedem weiteren Buch, das ich schreibe, werde ich um so kritischer gegenüber dem Schreiben und der Notwendigkeit eines neuen Buches. Das gilt auch für dieses Buch, das ich hiermit vorlege. Ich will auf keinen Fall lediglich das wiederholen oder mit anderen Worten wiederkäuen, was schon andere Autoren, vielleicht viel besser als ich, geschrieben haben. Ich erwarte also einen gewissen Neuheitswert bei meinen Büchern, der natürlich nur darin bestehen kann, daß uns der Heilige Geist wieder ein Stückchen mehr aus den Schätzen aufgedeckt hat, die er längst in dem Buch aller Bücher deponiert hat. Der zweite Gesichtspunkt, den ich bei mir als Grund zum schreiben erfüllt sehen muß, neben der selbstverständlichen Tatsache, daß der Herr ein solches Votum zum Buchschreiben gegeben hat, liegt darin, daß ich durch das vorgelegte Material selbst schon unmittelbar gesegnet sein muß.

Wir sollen anders werden. Das ist nicht nur eine Forderung der Schrift, sondern auch eine Einladung. Jeder, der sich immer wieder selbst abgequält hat, anders oder besser zu werden, und auch als Christ zu wenig Fortschritte in seinem Leben gesehen hat, soll ermutigt werden. Gott will dir, mein lieber Leser, einen Weg weisen, wie du anders werden kannst, auch wenn du gerade in deiner Vergangenheit viele Male über deine vergeblichen Anläufe zur Charakterveränderung und zum Gehorsam frustriert warst.

Im Verlauf der Serie von Predigten, deren Niederschlag dieses Buch ist, bin ich dann überraschend auf ein Thema gestoßen, was mich früher nie interessiert hat: das Reich Gottes. Ich hielt diesen Begriff für so breit und allgemein und habe auch so viele unterschiedliche Arten von Verständnis und Interpretation des Reiches Gottes gehört und gelesen, daß er mir nicht so aussagekräftig zu sein schien. Aber auf einmal sah ich im Verlauf des Studiums des Wortes Gottes und im Rahmen der Verkündigung über die Veränderung durch Erneuerung des Denkens eine interessante Fährte, die geradewegs auf das Thema Reich Gottes zulief.

Ich will dem Leser jetzt noch nicht verraten, welches neue Verständnis von diesem Begriff ich gewonnen habe. Aber ich kann schon jetzt preisgeben, daß mich dieser neue Aufschluß wirklich sehr gesegnet hat.

Heute kann ich verstehen, weswegen mehr als 50 % (!) der Lehraussagen unseres Herrn sich auf dieses Thema beziehen. Es ist wichtig und hat viel mit der Veränderung unserer Persönlichkeit zu tun.

1. Kapitel

Gott ermahnt dich: Gehe mit deinem Körper richtig um!

> **Römer 12,1-2**
> **1 Ich ermahne euch nun, liebe Brüder, durch die Barmherzigkeit Gottes, daß ihr eure Leiber gebet zum Opfer, das da lebendig, heilig und Gott wohlgefällig sei. Das sei euer vernünftiger Gottesdienst.**
> **2 Und stellet euch nicht dieser Welt gleich, sondern verändert euch durch Erneuerung eures Sinnes, auf daß ihr prüfen möget, was Gottes Wille ist, nämlich das Gute und Wohlgefällige und Vollkommene.**

Das Wort Gottes sagt uns außerordentlich viel über unser Herz, über unseren Geist, über unsere Seele und unsere Persönlichkeit, und das soll auch der Hauptinhalt dieses Buches werden.

Dennoch ist unser Körper Gott nicht unwichtig. Paulus sagt zwar, (1. Timotheus 4,8) daß die leibliche Übung zu wenig nutze sei. Aber das heißt nicht, daß die leibliche Übung keinerlei Nutzen habe. In Vers 1 geht Paulus interessanterweise zunächst einmal auf unseren Körper ein. Wollen wir also hören, was das Wort Gottes über den richtigen Umgang mit unserem Körper zu sagen hat.

Der Anfang der Ausführung von Paulus ist schon interessant. Er ermahnt nun die lieben Brüder im Hinblick auf ihre Leiber. Hinter diesem Ausdruck finden wir so etwas wie eine Betonung der Notwendigkeit, sich dazu äußern zu müssen. Paulus will sagen: wenn ich das nicht heraushebe, was Gott mit euren Leibern vorhat, dann lauft ihr Gefahr, die Bedeutung und die Zielsetzung eures Körpers mißzuverstehen. *Deswegen* muß ich euch regelrecht ermahnen.

Dieses *deswegen* steht übrigens tatsächlich im Griechischen (statt des sehr unscheinbaren *nun*) Das Wort "deswegen" bezieht diesen Satz auf das, was vorher dasteht. Direkt davor lesen wir: (Römer 11,36) "Denn von ihm und durch ihn und zu ihm sind alle Dinge. Ihm sei Ehre in Ewigkeit! Amen."

Der Zusammenhang ist eindeutig: Auch unser Körper ist von ihm, soll für ihn da sein und hat eine Bestimmung, die etwas mit dem zu ihm zu tun hat.

Unser Körper ist nicht ein notwendiges Übel! Unser Körper ist nicht, wie die Griechen zu denken pflegten, ein minderwertiges Anhängsel unserer Person. Gott liebt deinen Körper. Gott hat wunderbare Dinge mit ihm vor, kann diese aber nur mit deiner Willenszustimmung realisieren. Deswegen ermahnt der Apostel Paulus uns, richtig mit dem Körper umzugehen. Es gibt eine Theologie des Körpers!

Dann lesen wir, daß Paulus uns durch die *Barmherzigkeit* Gottes Aufklärung über unseren Umgang mit dem Körper zu geben hat. Mit anderen Worten: Weil Gott barmherzig ist und weil er das Beste für uns will, deswegen hat er ein ganz bestimmtes Trainingsprogramm für uns vorgesehen, durch welches unser Körper die beste von allen möglichen Entwicklungen und Entfaltungen nimmt. Wenn Gott geschwiegen hätte, wären wir im Hinblick auf unseren Körper ohne Anleitung, und das wäre unbarmherzig.

Was sagt nun Gott inhaltlich über unseren Körper?

Nun, was uns zunächst gesagt wird klingt nicht sehr erhebend. Wer das hört und sich ehrlich Rechenschaft über seine ersten Regungen daraufhin gibt, wird sich fragen, was diese Ausführungen mit Barmherzigkeit zu tun haben. Folgende Anordnungen erläßt der Herr durch Paulus:

1. Wir sollen unsere Leiber zum Opfer darreichen. Das Griechische betont dabei in der Verbform, daß es ein für allemal geschehen soll. Das riecht sehr nach Aufgabe unseres Körpers, nach Verzicht, Verlust, Tod und dergleichen. Wenn wir Opfer hören und nicht geschult sind in den biblischen Werten und Gedanken, dann muß uns ein Gefühl von Entsagung und Trauer beschleichen, daß wir die Verfügung über unseren

Körper aufgeben und ihn opfern müssen, das meint doch dahingeben müssen.

Aber das ist ein heidnisches Verständnis, das nichts mit der Bedeutung des Begriffes Opfer gemein hat,das das Neue Testament uns entwickelt. Die Eigenschaften, die nämlich diese Opferhandlung kennzeichnen, beweisen, daß Gott etwas gänzlich anderes mit unserem Körper vor hat.

2. Das Opfer soll nämlich *lebendig* sein. Weil Jesus seinen Leib als Opfer für uns dahingegeben hat, weil er verzichtet hat und weil er geschlagen wurde, Schmerzen erlebte, ausblutete und dann schließlich den physischen Tod erfuhr, deswegen soll unser Opfer eine ganz andere Natur haben. Wir brauchen nichts mehr zu erleiden, was unser Herr stellvertretend für uns erlitten hat.

Unser körperliches Opfer soll, so heißt es ausdrücklich, lebendig sein! Gott will kein Straf- und Bezahlungsopfer, weil die Strafe auf ihm lag, und deswegen will Gott erst recht kein Selbst-Erlösungsopfer an unserem Körper durch körperliche Anstrengung, Verzichte, Leistungen, Entbehrungen oder Askese.

> **Jesaja 53,5**
> **Aber er ist um unsrer Missetat willen verwundet und um unsrer Sünde willen zerschlagen. Die Strafe liegt auf ihm, auf daß wir Frieden hätten, und durch seine Wunden sind wir geheilt.**

Das geschah um unsertwillen, weil Jesus auch mit seinem Leib bezahlt hat, deswegen gibt es für uns keinen Grund mehr, mit unserem Leib oder der Hingabe unseres Leibes zu büßen. Jesus hat jeden Fluch auf sich genommen, auch in körperlicher Hinsicht.

Indem es nun heißt, daß unser Opfer lebendig sein soll, wird damit ausgedrückt, daß es Leben erzeugt, Leben vermehrt und reproduziert, also kein Verlust- und Todesopfer ist.

Das körperliche Opfer, das wir dem Herrn geben sollen, soll auch *heilig* sein. Heilig heißt, für Gott ausgesondert zu sein. Das ist eine starke Botschaft: Unser Körper wird von Gott so hoch bewertet, daß er Gott übergeben werden kann als unsere Gabe, die Gott als heilig bewertet. Wenn wir ein heiliges Opfer mit unserem Körper dem Herrn bringen sollen, dann meint es, daß wir unseren Körper in den Dienst Gottes stellen sollen, daß er wichtig ist, daß wir ihn nicht verachten dürfen, weil Gott ihn nicht verachtet.

Wenn wir unseren Leib Gott übergeben — was immer das bedeuten mag — dann erkennen wir ihm eine positive Bedeutung zu. Das wird uns auch ermöglichen, um so leichter vom Herrn Hilfe für unseren Leib zu empfangen, wenn er krank ist. Denn wir sehen ja, daß Gott das lebendige und heilige Opfer unseres Leibes haben will. Wer seinen Leib so ansieht, wird es tatsächlich leichter haben, für seinen Körper Heilung zu begehren und dafür glauben zu können.

Die Tieropfer, die im Alten Testament dem Herrn in einer Vorform von Gottesdienst Gott dargebracht worden sind, sollten alle makellos und rein sein. So dürfen wir, ohne daß wir dieses Prinzip überziehen und damit verdrehen, davon ausgehen, daß der Herr heute in dem neuen und besseren Bund erst recht uns helfen will, einen reinen und heiligen, also auch gesunden Leib ihm zu präsentieren.Das ist ein wichtiger Nebenaspekt, der Lehre von dem heiligen Opfer unseres Körpers.

3. Schließlich heißt es, daß diese Art von Opfer Gott *wohlgefällig* sei. Das ist ein besonders wichtiges Charakteristikum, weil wir vom Worte Gottes recht genau wissen, was Gott wohlgefällt. Ihm gefällt zum Beispiel nichts wohl, was wir ihm aus eigener Kraft und eigener Qualität, in eigener Leistung, und sei es eine Verzicht- und Opferleistung, bringen.

Gott gefällt alles wohl, was aus Glauben kommt. Glauben ist eine Gabe Gottes, die aus dem Ergreifen und Festhalten seines Wortes resultiert. Wenn wir ihm also das zurückgeben,was von ihm selbst kam, dann ist das ein Gott wohlgefälliges Opfer. Alles andere imponiert ihm nicht.

In diesem Sinne finden wir sogar schon im Alten Testament eine hochinteressante Lehre über Opfer, die Gott wohlgefällig sind. Zum Beispiel auf sein Wort aufmerken, (1. Samuel 15,22) das sieht Gott als ein Opfer an. Sich das Ohr öffnen zu lassen von Gott, (nicht einmal das können wir selbst tun) Psalm 40,7, das ist ebenfalls ein Opfer: "Schlachtopfer und Speisopfer gefallen dir nicht, aber die Ohren hast du mir aufgetan. Du willst weder Brandopfer noch Sündopfer." Dahinter steht dasselbe Prinzip. Gott fühlt sich geehrt, und zwar in einem solchen Ausmaß, daß er das regelrecht als ein Opfer erklärt, wenn er sieht, daß wir willens sind, auf ihn zu achten und hinzuhören. Das meint, wir sollen hinhören auf das, was er uns als Lösung und Hilfe anbietet und nicht auf andere Hilfsangebote oder eigene Beiträge achten.

4. Deswegen sagt das Wort, daß Gott es als ein Opfer ansieht, wenn wir ihm die Trümmer unseres Lebens, unser zerschlagenes Herz und unseren geängstigten Geist ihm anbieten (Psalm 51,19). Das ist die seltsamste Definition von Opfer, die man sich vorstellen kann. Das Eingeständnis, daß wir am Ende sind und uns selbst nicht helfen können, bewertet der Herr als Opfer. Mit einem Wort: Opfer ist primär nichts, was wir dem Herrn geben, sondern wir erkennen vielmehr Gottes Hilfsbereitschaft und alleinige Kompetenz an indem wir ihm die Chance geben, uns kostenlos und umfassend zu helfen. Unser Opfer enthält damit auch den Verzicht auf Selbsthilfe und das Eingeständnis, uns am Ende doch nicht selbst helfen zu können

Wenn uns dann Hilfe widerfahren ist, dann sollen wir ihm Dank opfern (Psalm 50,23) und ein Lobopfer unseres Mundes bringen (Hebräer 13,15).

Wenn wir diese Erkenntnisse über Gott wohlgefällige Opfer einsetzen, dann erkennen wir, daß wir mit unserem Leib dem Herrn nichts bringen sollen, sondern daß wir ihn durch richtiges Hinhören und Reagieren auf seine Ratschläge bezüglich unseres Körpers ehren, was er als ein ihm wohlgefälliges Opfer ansieht. Noch einmal, das ist eine seltsame Definition, aber sie ist biblisch.

Wer will, der mag seinem Verständnis von Opfer bleiben, aber er wundere sich nicht, wenn sein Körper es ihm nicht dankt.

Jetzt können wir verstehen, weswegen Paulus auf die Barmherzigkeit Bezug nimmt, als er uns diese Offenbarung über unseren Körper mitteilte. Wir verstehen: Verzichtshaltungen- und Handlungen, mit denen wir unseren Körper strangulieren, zur Entbehrung auffordern oder uns gar des Körpers entledigen, ihn verachten, unterdrücken, oder zu Gunsten Gottes und seines Reiches wegwerfen oder ihn umgekehrt zu Höchstleistungen treiben, all das kann nicht der Inhalt dieser Anordnung sein. Insofern ist das wirklich ein barmherziger Erlaß, der uns vor manchen selbstauferlegten und schmerzlichen Opfern bewahren soll.

Wir müssen uns weder der Askese ergeben, noch uns in einsame dunkle Höhlen einsperren. Wir brauchen uns nicht unserer natürlichen Triebe, die im Körper verankert sind, zu schämen, noch diesen quälen mit drakonischen Entbehrungen, einer grausamen Diät oder einem Höchstmaß an Leistungsabforderung. Gott ist wirklich barmherzig zu unserem Körper. Die Anwendung dieser göttlichen Regeln hat einige sehr interessante Konsequenzen.

Göttliche Regeln für unseren Körper

Unser Körper ist der am meisten geschundene Teil unserer Person. Als Erfolgsorgan der Seele, muß er für alles mögliche hinhalten oder auch ausführen, was die Seele ihm an anstrengenden Dingen zumutet. Weil die Seele von ehrgeizigen Strebungen und Zielen bestimmt ist, muß der Körper, der ihre Ziele umsetzen will, leiden. Die Seele ist insofern in ihrer unerbittlichen Begierde, immer wieder und erneute Lust bekommen zu wollen, grausam.

Wenn der Herr an dieser Stelle eingreift, um den Körper zu entlasten, dann ist das wahrhaft ein Akt von Barmherzigkeit. Welches sind die klassischen Bereiche, in denen der Körper von der Seele mißbraucht wird?

1. Das Wort Gottes sagt, daß aus unserem Körper Begierden, Lüste und Zwänge aufsteigen (u. a. Jakobus 1 und 2). Die Seele weiß das, daß viele Lüste aus den körperlichen Tiefen unserer Persönlichkeit kommen. Sie mißbraucht den Körper zum Zweck der Lustgewinnung.

Auch dann, wenn der Körper sich selbst überlassen bleibt, wird er sich an sich selbst vergreifen, um ein ständiger Produzent von neuen körperlichen Lüsten und Begierden zu werden.

Der Körper als bewußt in Anspruch genommenes Lustorgan. Der Umgang mit dem Körper in diesem Sinne ist ein Teil des heutigen Lebensstils. Sexualität, Essen, Trinken, Drogen und dergleichen, sie alle stellen eine einzige Ausbeutung des Körpers dar, um ein möglichst hohes Quantum an Lust und Erfüllung daraus zu gewinnen. Wer aber allein vom Körper seine Befriedigung holt, muß einen hohen Preis bezahlen: Verflachte oder in die Perversion abgleitende Sexualität, Völlerei mit den Folgen der Überernährung, Fettsucht, Stoffwechselstörungen, Diabetes und Herz-Kreislaufkrankheiten, Alkoholismus mit allen nachfolgenden körperlichen und seelisch-nervlichen Folgeschäden. Schließlich ist im Bereich des Drogenkonsum das große Spektrum von seelischer Störung, Passivität, Zwang zur kriminellen Karriere, Zerstörung des Körpers, Hepatitis, AIDS usw. zu nennen.

Immer dann, wenn man den Körper als Hauptlustquelle beansprucht, kommt es zur Erschöpfung und Knechtung des Körpers, der dann eines Tages streikt und seinen Dienst versagt.

2. Der Körper kann für die Zwecke der Selbstdarstellung und zur Schaustellung mißbraucht werden. Daraus resultieren Körperorientiertheit, narzistisches Verhalten, Überbetonung von Sport und körperlichem Training, bzw. Abhärtung, bis man schließlich dem Körper verfallen ist, weil er Mittelpunkt des Denkens und aller Freizeitbeschäftigung geworden ist. Menschen, die ihrem Körper eine solche Bedeutung einräumen, bereiten sich geradlinig auf nächste Phasen der Erfahrung von Körperbezogenheit vor, wobei der geschundene und mißbrauchte Körper seinen Tribut fordert und alle möglichen

Zwänge und Begierden entbindet, die schnell zum totalen Freiheitsverlust führen.

3. Der Körper ist das Handlungs- und Erfolgsorgan der Seele, der alles ausführen muß, was die Seele an Selbstbehauptungs-, Selbstschutzmaßnahmen und Ergeiz entwickelt.

Die Folgen sind regelmäßig Streß, Anstrengung, einseitige Lebensweise und ein Burn-out-Syndrom. Weil die Seele gnadenlos ist und unbedingt ihre Ziele erreichen will, nimmt sie auf den Körper keine Rücksicht. Daraus resultieren eine zunehmende vegetative Überforderung, Ängste, psychosomatische Schäden, Hochdruck, Kreislauffehlregulationen, vielfältige Streßfolgezustände wie Neuralgien, Schlafstörungen, Hingabestörungen, Kopfschmerzen und psychosomatische Beschwerden des Bauchbereiches.

Wir bekommen ein gewisses Verständnis dafür, daß es wirklich eine Weisung der Barmherzigkeit ist, mit unserem Körper so umzugehen, wie es uns dieser eine kleine und bescheiden anmutende Vers von Römer 12, 1 empfiehlt. Unser Herr hat dafür Vorsorge getroffen, daß wir nicht unter diesen auferlegten körperlichen Zwängen und Zumutungen zugrunde gehen müssen. Der Herr will auch unseren Körper zur Ruhe, in die Erfahrung der Gnade und Entspannung kommen lassen. Gott liebt deinen Körper, lieber Leser! Er bejaht ihn und gibt Anweisung, wie er zu pflegen und zur Heilung gebracht werden kann.

Weil der Herr körperlich für uns gelitten hat, weil er seinen Körper für uns hingegeben hat, deswegen gibt es eine Erholung, Entspannung und Heilung für unseren Körper. Er hat eine große Bedeutung, soll er doch immerhin der Tempel des Heiligen Geistes sein.

Das Wort Gottes sagt uns (1. Korinther 15,10) daß wir, wenn wir arbeiten letztlich nicht selbst arbeiten sollen, sondern die Gnade Gottes in uns. Das ist ein wichtiger Gesichtspunkt für einen schonenden Umgang mit unserem Körper. Wer nichts von dem Leben in der Gnade weiß, muß alles selbst machen, genau genommen wird der Körper dann wieder gefordert.

Darüberhinaus gibt der Herr uns seine Kraft und seine Energie, die bis in den Leib hineinreicht. Gottes Wort sagt uns, daß er den Unvermögenden Kraft und Gnade gibt, daß sie auffahren wie Adler. Das Bild ist nicht nur schön, sondern auch zutreffend. Wir sollen durch geistliche Hingabefähigkeit an den Herrn erleben, wie die Schwingen unseres Geistes, die wir weit ausstrecken, den Aufwind des Heiligen Geistes aufnehmen, so daß wir gefördert werden, ohne daß ein ständiger Arbeitseinsatz notwendig ist.

Das meint wohl auch das schöne Wort aus Römer 8,11, das vielen wohl vertraut ist, aber aus dem so wenig praktischer Nutzen gezogen wird:

> **Römer 8,11**
> **Wenn nun der Geist dessen, der Jesus von den Toten auferweckt hat, in euch wohnt, so wird er, der Christus von den Toten auferweckt hat, auch eure sterblichen Leiber lebendig machen durch seinen Geist, der in euch wohnt.**

Gottes Geist will offenbar Energie für den Körper bereitstellen und diesen mit Kraft und Leben ausstatten. Der genaue Hergang dieses Prozesses mit seinen Voraussetzungen und Bedingungen muß noch erarbeitet werden. Für Smith Wigglesworth war dieser Vers in den letzten Monaten seines Lebens besonders wichtig geworden. Er erachtete ihn offenbar als einen Schlüssel zum richtigen Umgang mit unserem Körper.

Schließlich will Gott durch Anleitung zum effizienten Leben unseren Körper entlasten. Effizienz sollte daher ein wichtiges Merkmal der Kinder Gottes sein, indem sie richtig und erfolgreich geführt werden. Sie müssen nicht nacheinander zehn Türen öffnen, um jeweils zu erleben, daß es die verkehrte ist. Wir sollen vom Heiligen Geist gleich zur richtigen Tür geführt werden. Das erspart unserem Körper viele vergebliche Anläufe und Umwege und der Seele Erfahrungen von Enttäuschung, Angst und Panik.

Wir können das alles auch so zusammenfassen, daß wir unserem Körper nichts zumuten, wozu er nicht geschaffen ist.

Wir sollen uns an ihm freuen und nicht an seiner Schwächlichkeit und den Folgen der Überforderung leiden.

Indem wir so mit dem Körper umgehen, vollziehen wir einen vernünftigen Gottesdienst. Das ist eine bemerkenswerte Aussage. Gott zu dienen, das ist nicht die Hingabe aller unserer Fähigkeiten, unserer Kraft und Leistungsfähigkeit an ihn, sondern vielmehr die grundsätzliche Entschiedenheit, gewissenhaft darauf zu hören, was er uns sagt und was er uns schenken will. Das entspricht nicht dem üblichen Verständnis und der Definition des Begriffes Dienstes. Im Worte Gottes ist eben manches anders definiert als sonst in der humanistisch geprägten Umwelt und Werte-Welt.

Die biblische Lehre über den richtigen Umgang mit unserem Körper ist schon erstaunlich. Sie besteht nicht darin, daß sie uns alles mögliche verbietet oder uns technische Detailanweisungen gibt, wie wir uns körperlich zu betätigen oder was wir zu lassen haben. Im Herauskehren des positiven Hauptaspektes, daß wir nämlich den Körper für Gott einsetzen sollen, ihn opfern und Gott mit unserem Körper in dem besprochenen Sinne dienen sollen, wird uns die entscheidende Hilfe gegeben.

Die formale und inhaltliche Ähnlichkeit dieses Verständnisses von Dienen mit dem, was wir schon im Hinblick auf den Opferbegriff gesehen haben, ist eindeutig. Gott bewertet unseren schonenden Umgang mit unserem Körper, wenn wir ihn in dem besprochenen Sinne ihm übergeben, als Dienst. Obendrein ist dieser Dienst ein vernünftiger Dienst, weil er alle unvernünftigen Zumutungen und Beanspruchungen vom Körper fernhält.

Wo finden wir sonst noch in dieser Welt solche Einsichten über unseren Leib? Und das alles in einem Vers.

2. Kapitel

Gottes einzigartiger Weg zu unserer Veränderung

Anders werden und anders sein, das wollen wir wohl alle, zumindest die bewußten Nachfolger Jesu. Es gibt eine große Sehnsucht unter uns, Fortschritte zu machen in unserem Charakter, in unserer Persönlichkeit und im Hinblick auf unsere geistliche, berufliche, familiäre Entwicklung. Viele Christen haben jedoch sehr unterschiedliche Anschauungen darüber, wie das aussehen soll, ganz zu schweigen von den großen Bandbreiten seltsamster Vorstellungen unter den Nichtchristen.

Unter den Hunderten von möglichen Wegen, die zur tatsächlichen Veränderung unserer Persönlichkeit führen, ist aber nur ein einziger richtig und gottgewollt! Wir haben nach der Schrift nicht die Freiheit, unseren persönlichen Weg zur Entwicklung und Entfaltung unserer Persönlichkeit zu suchen und zu gehen. Es gibt nur einen einzigen Weg, der von einer festen Reihenfolge und Ordnung bestimmter göttlicher Prinzipien geprägt ist und doch gleichzeitig bei den vielfältigen Anwendungsweisen der einzelnen Christen eine erstaunliche Mannigfaltigkeit darbietet. Dieser Weg wird uns in Römer 12,2 beschrieben. Hier finden wir die kürzeste und prägnanteste Anweisung der Heiligen Schrift, wie wir verändert werden können. Was wir an vielen anderen Stellen des Wortes Gottes an Hilfen zur Lebensgestaltung und Charakterentwicklung finden, befindet sich in völliger Übereinstimmung mit diesen wenigen, markanten Worten. Hier ist aber alles verdichtet und besonders unmißverständlich dargestellt.

Ich sehe folgende einzelne Schritte der Entwicklung, durch die die Veränderung unserer Persönlichkeit möglich wird und wir in vielfältige Segnungen hineinschreiten können, die für uns reserviert sind. (Auch der Umgang mit unserem Körper, wie in Vers 1 beschrieben ist, eigentlich nur dann möglich, wenn wir in unserem Wesen so weit verändert und willensfähig geworden sind, daß wir über unseren Körper angemessen herrschen können.)

1. Die Voraussetzung für jede wirkliche Veränderung unserer Persönlichkeit ist die Wiedergeburt. Das wird in diesem Abschnitt nicht dargestellt, sondern vorausgesetzt. Paulus sagt in 2. Korinther 5,17: "Ist jemand in Christus, so ist er eine neue Schöpfung; das Alte ist vergangen, siehe Neues ist geworden."

Mit dieser Neuschöpfung wird Altes in unserem Leben tatsächlich abgeräumt und Neues entsteht durch diesen geistlichen Wiedergeburtsvorgang, nämlich unser Geist. Ohne diese dramatische Umgestaltung in unserer Persönlichkeit ist eine wirkliche Veränderung, die Altes hinter sich läßt und Neues bringt, nicht möglich. Ohne diese grundsätzliche Erfahrung sind alle Veränderungen Scheinveränderungen, die die alten Denkgewohnheiten, Wertevorstellungen und Ziele nur oberflächlich umschichten.

Jeder Versuch einer Veränderung ohne Wiedergeburt ist zum Scheitern verurteilt. Darin äußert sich nur das Bestreben des Menschen, durch eigene Kraft und aus eigener Qualität seine Veränderung zu bewirken.

2. Mit der Wiedergeburt wird uns ein gewaltiges Potential an göttlicher Kraft, Liebe und Leben gegeben. Diese Mitgift bleibt ungenutzt und wird nie zur Veränderung unseres Charakters auch nur angemessen einbezogen werden, wenn wir nicht die Erfahrung der Erfüllung mit dem Geist und die Taufe des Heiligen Geistes gemacht haben. Ohne ihn wissen wir gar nicht, wie stark wir eigentlich sind, was uns vom Herrn gegeben worden ist und welches unsere göttliche Berufung hier auf Erden ist:

> **1. Korinther 2,12**
> **Wir aber haben nicht empfangen den Geist der Welt, sondern den Geist aus Gott, daß wir wissen können, was uns von Gott geschenkt ist.**

Der Heilige Geist vermittelt uns, welche Kräfte uns zustehen und welches unser Auftrag und unsere Befähigung in der

Nachfolge Jesu sind. Er ist unser Anwalt und Beistand, der uns berät und hilft zu verstehen, zu sehen und zu glauben, was uns gehört. Der Heilige Geist ermutigt uns auch fortwährend, uns immer wieder neues Erlösungsmaterial von Jesus zu holen und innerlich wahrzunehmen, wie umfassend die göttliche Vorsorge für die Veränderung unseres Charakters ist.

3.Unter diesen beiden gegebenen Voraussetzungen treten wir also an, wenn wir nach Römer 12,2 in den Prozess der Veränderung hineintreten.

Das erste was uns dabei gesagt wird, ist, daß wir diese Veränderung anstreben sollen, indem wir uns von allen Denkgewohnheiten und Wertevorstellungen der Welt und Anpassung an die Welt trennen sollen: "Stellet euch nicht dieser Welt gleich, sondern verändert euch."

Es muß bei uns diese Willigkeit vorhanden sein, die ebenfalls der Heilige Geist in uns bewirkt, herausbrechen zu wollen aus allen alten Vorstellungen und Verflechtungen mit den Prinzipien dieser Welt. Die meisten Christen leben, ohne daß sie es vorsätzlich planen und sich dessen bewußt sind, praktisch angepaßt an die Welt. Sie leiden mit ihr mit, sie verhalten sich wie Menschen in ihrer Umwelt, sie denken wie diese, sie vegetieren wie diese, sie heulen und jammern wie diese. Sie reagieren negativ, verzweifelt, traurig, resignierend auf Umstände und Sachverhalte; sie ergeben sich den Zwängen und der Passivität, klagen an und suchen die Schuld immer bei anderen.

Das ist das Schema dieser Welt, hinter welchem der Geist dieser Welt steckt (siehe das unter 2. gegebene Zitat von 1. Korinther 2,12: Es gibt einen Geist dieser Welt, der das Gegenteil vom Geist Gottes tut. Dieser offenbart uns die Inhalte der Erlösung, jener verdeckt und relativiert sie, so daß wir in unserer geistlichen Grundausstattung keinen echten Unterschied zum Erleben und Denken der anderen sehen.)

Der Heilige Geist will uns zu geistlichen Revolutionären machen, die die alten faulen Denkgewohnheiten und Arrangements mit weltlichem Lebensstil und Lebensgefühl nicht mehr hinnehmen. Lieber Leser, wenn du an der Durchschnittlichkeit deiner Persönlichkeit, deiner Vision und deiner Lebensumstände leidest, dann erkenne die geheime Schuld dahinter: Du hast dich im völligen Gegensatz zur Herausforderung des Wortes Gottes mit diesen Verhältnissen arrangiert. Der Heilige Geist erweckt in dir eine Sehnsucht anders zu werden — erkennbar auch daran, daß Du anfängst, an Deinem Zustand zu leiden. Er will dich herausfordern, mit dem alten stumpfsinnigen Lebensentwurf und allen passiven weltkonformen Prinzipien zu brechen. Das ist schon die erste Wirkung des Heiligen Geistes! Es ist gut um dich bestellt, wenn du dem nachgibst.

Wir sollen heilige Revolutionäre werden, die ohne Gewaltanwendung gegen andere ausscheren aus den Deformierungen, Zwängen, aller Durchschnittlichkeit oder Unterdurchschnittlichkeit, die wir zu lange als ein quasi unvermeidbares Schicksal hingenommen haben.

Gott sagt dir jetzt: Es gibt einen Weg heraus aus dieser Form des Vegetierens, des Stumpfsinns, des Status quo und des ständigen Kreisens um die alten Konzepte.

4. Die herausragende Botschaft bei diesem Geschehen der Veränderung ist folgende: *Du* mußt sie vollziehen!

Das Wort Gottes sagt: Verändert euch! Wir werden aufgefordert, daß *wir* die Veränderung bewirken, zumindest bewirken wollen. Der genaue Sachverhalt, der in exakter Übersetzung des Griechischen offenbar wird, lautet wie folgt: Seid verändert. Das ist eine Art Imperativ der Passivform, was sich im Deutschen nicht mit einem einzelnen Wort übersetzen läßt. Dahinter steht eine sehr wichtige Grundaussage: *Wir* müssen es wollen und dann geschieht es an uns. Also eine Kombination eines aktiven Geschehens mit einer Passiv-Erfahrung (nicht einer passiven Erfahrung) liegt hier vor. Wir werden aufgefordert, mit unserem Willen die Veränderung begehren zu wollen. Dann tritt der Heilige Geist in Aktion, der in einer bestimmten Folge von Schritten unter unserem fortwährenden Willenseinsatz diesen Prozess der Veränderung vollzieht.

Wenn wir es nicht wollen, werden wir nie verändert werden. An der Notwendigkeit, eine derartige Motivation und Willenskraft aufbringen zu müssen, erkennen wir einen weiteren Segen der Grunderfahrung der Wiedergeburt. Durch diese Erfahrung werden nämlich in uns so viele neue Willensimpulse, die auf Gott gerichtet sind, freigesetzt, daß dadurch erst dieser Vorgang möglich ist.

Dieser Imperativ an unseren Willen schließt die unausgesprochene Tatsache ein, daß wir zu diesem Prozess fähig sind. Denn Gott fordert uns nur zu Dingen auf, zu denen wir im Prinzip imstande sind.

Schließlich sagt uns Philipper 2,12-13, daß er in uns das Wollen und Vollbringen bewirkt. Das tut er aber nur bei denjenigen, die seine Natur und sein Wesen haben, also Kinder Gottes geworden sind und mit ihrem vorhandenen Willen die göttliche Befähigung zum angemessenen Wollen und Vollbringen auslösen.

Hier ruht eine gewaltige Wahrheit, die in der Christenheit noch nicht angemessen entdeckt worden ist: Wir sind nicht allein angewiesen auf unseren eigenen Willen und das Maß an Willenskraft, das gerade bei uns vorliegt. Diese Willensstärke reicht nicht aus, um die göttlichen Prozesse durchzusetzen. Sie ist bestenfalls dazu geeignet, ihre eigenen Grenzen zu sehen und dann die bereitliegenden göttlichen Willenskräfte abzurufen, so daß wir durch sie das Richtige wollen und vollbringen können.

Das mutet recht kompliziert an, ist aber nach meiner Überzeugung eine der schönsten Wahrheiten im Umkreis der Thematik Lebensveränderung und Gestaltung der Nachfolge, ohne die alle unsere Versuche, gehorsam werden zu wollen, sehr krampfartig bleiben müssen.

Ich möchte nocheinmal die Herausforderung dieser Aussage darstellen und zuspitzen: Im Gegensatz zu der Anschauung, die viele unter uns haben, müssen wir den Veränderungsprozess wollen. Gott macht sich völlig davon abhängig, daß wir unsere möglicherweise sehr bescheidenen Reststärken von Willenskraft völlig dazu einsetzen, unbedingt anders werden zu wollen. Auf dem Boden dieser Motivation stellt dann der Herr seine Willenskraft zur Verfügung, durch die wir durch diesen gewaltigen Prozess hindurch getragen werden. Dahinter steht das doppelte Prinzip, daß Gott nichts macht, was nicht seinen Ausgang in unserem Willen hat, und daß doch alles Gute nur mit Gottes eigenen Kräften zustande kommt, was den schwierigsten Prozess in diesem Universum natürlich nicht ausklammern darf, die Veränderung unseres Wesens.

5. Die Veränderung der Persönlichkeit beginnt mit der Erneuerung des Denkens oder sie beginnt nie.

Das ist die strahlendste Wahrheit, die das Wort Gottes für uns, die wir anders werden wollen bereithält. Die Veränderung unseres Charakters, unserer Einstellung, unseres Auftretens und unserer Leistungsfähigkeit beginnt nicht mit neuen Gefühlen oder Stimmungen und auch nicht mit einzelnen Erfahrungen, die von draußen kommen und uns widerfahren. Und noch etwas: Die Umprägung unserer Persönlichkeit und der veränderte Kurs unseres Lebens werden auch nie von günstigen Umständen erzeugt.

Wer erleben möchte, wie seine Persönlichkeit heil wird, wie alte Verwundungen sich schließen, wie wir aus alten Wiederholungszwängen heraustreten können und den Fluch der Durchschnittlichkeit und Armseligkeit hinter uns lassen können, wer nicht mehr von seinem Körper geplagt oder im Stich gelassen werden möchte, der höre den göttlichen Imperativ: Erneuere dein Denken.

Wir werden nach der Feststellung des Wortes Gottes so, wie wir denken:

Sprüche 23,7
Wie ein Mensch denkt, so ist er.

Gott kommt in unser Leben und verwandelt es, indem er uns neue Gedanken anbietet, die dann unser Denken füllen und bestimmen.

Der griechische Begriff "nous", der in der Lutherbibel mit "Sinn" übersetzt wird, kann in diesem Zusammenhang mit keinem anderen Begriff zutreffender übersetzt werden, als mit dem Begriff "Denken". Das Wort "Sinn" mag in früheren Jahrzehnten oder Jahrhunderten eine richtige Übersetzung gewesen sein. Heute enthält sie nach unserem Wortverständnis mehr den Inhalt von Gefühlen und Sinneswahrnehmung. Der Begriff "Verstand" ist zu eindeutig auf die formale Denkfähigkeit festgelegt, Vernunft läßt uns zu sehr an den idealistischen und schöngeistigen Begriff der Philosophie des letzten Jahrhunderts denken, und "Gesinnung" bezieht sich mehr auf das Verständnis von Willigkeit und Motivation, was nicht den eigentlichen Inhalt des griechischen Wortes darstellt.

Die biblische Lehre vom Menschen geht davon aus, daß wir das sind, was in unserem Bewußtsein und Denken von bestimmenden Einsichten, Kräften und Tatsachen vorhanden ist und uns ausfüllt. Danach richtet sich die Gesamtpersönlichkeit und insbesondere unsere Gefühls- und Stimmungswelt.

Jesus selbst hat dasselbe mit ganz anderen Worten ausgedrückt:

> **Matthäus 11,28-30**
> **28 Kommet her zu mir alle, die ihr mühselig und beladen seid; ich will euch erquicken.**
> **29 Nehmet auf euch mein Joch und lernet von mir; denn ich bin sanftmütig und von Herzen demütig; so werdet ihr Ruhe finden für eure Seelen.**
> **30 Denn mein Joch ist sanft, und meine Last ist leicht.**

Der Herr bietet uns ein spezifisches Programm und Angebot an, mit welchem unsere Seelen zur Ruhe kommen können. Indem der Herr hier von unserer Seele spricht, meint er alles, was nach der Definition der Schrift die Seele ist und bewirkt: Unser Wille, unsere Verstandes- und Denkfähigkeit und die Gefühls- und Stimmungswelt.

Wenn wir mühselig und beladen sind, was man heute eher mit angespannt, depressiv und bedrückt bezeichnen würde, dann wird uns vom Herrn nicht empfohlen, daß wir uns all dessen einfach entledigen, sondern daß wir etwas Neues auf uns nehmen. Wir sollen uns befrachten mit seinem Joch, das sanft ist und mit seiner Last, die leicht ist. Diese sind der Ausfluß seines Wesens, sein Wort. Indem wir uns mit dem Wort füllen und befrachten, erleben wir, daß unsere Persönlichkeit verändert wird, wir erquickt werden und Auftrieb erleben.

Der Gedanke, dem wir hier begegnen, ist derselbe wie in Römer 12,2: Wir brauchen nicht die absolute Befreiung von allem und allen, sondern die neue Erfüllung mit göttlichem Angebot, das aus seinem Wort kommt und das unser Denken befruchten, bereichern und verändern soll. Genauer, wir sollen in unserer Gedankenwelt erneuert werden. Das führt dazu, daß diese unser gesamtes Wesen verändert, wir den Charakter Jesu annehmen, der sanftmütig und demütig ist, und Erquickung erfahren.

Das selbe Prinzip begegnet uns an vielen weiteren Stellen in der Schrift.

> **Jakobus 1,21**
> **Darum so leget ab alle Unsauberkeit und alle Bosheit und nehmet das Wort an mit Sanftmut, das in euch gepflanzt ist, welches kann eure Seelen erretten.**

Hier geht es nicht um die Gesamterrettung unserer Persönlichkeit im Sinne von Bekehrung und Wiedergeburt. Das wird bereits vorausgesetzt. Es geht vielmehr darum, daß unsere Seelen, das heißt also der Anteil unserer Persönlichkeit, mit dem wir im Sichtbaren reagieren, denken, fühlen und wollen, gemäß dem göttlichen Vorbild umgeformt wird. Das geschieht, wie uns dieser Vers sagt, durch Annahme des Wortes, das schon in uns ist. Das Wort Gottes enthält also jene Aussagen und Kräfte, die unsere Seele ändern, erneuern und heil machen.

Ähnlich drückt sich Paulus aus in:

> **2. Korinther 3,18**
> **Nun aber spiegelt sich bei uns allen die Herrlichkeit des Herrn in unserem aufgedeckten Angesicht wie in einem**

Spiegel wider (so wörtlich), und wir werden verwandelt in sein Bild von einer Herrlichkeit zur anderen von dem Herrn, der der Geist ist.

Indem wir in den Spiegel des Wortes Gottes sehen und das Bild akzeptieren, das von uns aus dem Wort Gottes zurückgeworfen wird, werden wir zunehmend, von einer Herrlichkeit zur anderen, verändert. Diese Veränderung erfolgt gemäß dem Bild über uns, das wir aus diesem göttlichen Spiegel gewinnen.

Auch hier wird die Veränderung unserer Persönlichkeit von dem Wort Gottes abhängig gemacht, in das wir hineinschauen und das uns ein neues Verständnis, oder besser gesagt, Selbstverständnis gibt, indem wir erkennen, was der Herr über uns sagt. Gott erwartet, daß wir das Bild von uns akzeptieren, das er von uns in seinem Wort zeichnet. Das ist die Übernahme seiner Gedanken über uns, mit denen wir uns dann identifizieren

Nach seinem Wort, sind wir in Christus gerecht (nicht verdammt und voller Verdammungs- und Selbstbezichtigungsgefühle). Wir sind als Gerechte auch herrlich, als Herrliche auch angenommen und angenehm in dem Geliebten. Wir sind kostbar und wichtig, wir sind Geliebte und Begehrte, in ihm sind wir stark und Überwinder. In ihm sind wir fähig, kraftvoll und voller Autorität. In ihm sind wir kühn, Kinder Gottes und als solche auch Erben Gottes, teilhaftig seiner Natur und herrschen an der Seite seines Thrones.

Das sind alles göttliche Aussagen über uns, gleichsam Gedanken die in Wortform aus der Schrift uns übermittelt werden.

Nach dem Verständnis der Heiligen Schrift sind wir ein Gefäß, das beliebig gefüllt werden kann. Es kann mit unguten Gedanken, Prinzipien der Welt, Lügen des Teufels, Philosophien dieser Menschheit gefüllt werden. Dann sind wir unheilige Gefäße. Wir können uns aber auch mit den Gedanken Gottes anfüllen, die göttlichen Schätzen gleichen und dann unser

Denken, Wesen, Verhalten und Ergehen bestimmen und uns so neue Werte und Würde geben.

Das Wort Gottes ist jene unumstößliche Norm, die uns die göttlichen Grundpositionen zu allen unseren Lebensumständen, zu unserer Herkunft, zu unserer Berufung im Jetzt und Hier und zu unserer Zukunft gleichzeitig verdeutlicht und verschafft. In diesen grundsätzlichen Aussagen drückt sich die absolute und doch auch lebendige Wahrheit Gottes aus, die uns im Unterschied zur Lüge des Teufels genau erklärt, was der Herr für uns getan hat, welches die einzelnen spezifischen Erlösungsinhalte und -angebote sind, wer er selbst ist, was der Teufel nach dem Sieg Jesu nicht mehr ist und was unsere hoheitsvolle und herrliche Position, Aufgabe und Zielsetzung als Erlöste ist.

Göttliche Wahrheiten beschreiben also Tatsachen, die das Wesen Gottes und sein Handeln beinhalten und damit alle Erlösungsangebote umgreifen. Diese Tatsachen werden uns durch das Wort Gottes in Wortform dargestellt und sollen als göttliche, wahre Gedanken in unser Denken eingebaut werden. Dadurch wird unser Denken erneuert und damit in Konsequenz davon unsere ganze Persönlichkeit.

Alle gedanklichen Angebote, die uns im System dieser Welt entgegentreten, stellen altes Material dar. Sie sind gekennzeichnet und erfüllt von teuflischer Lüge, Selbsterlösung, der Unabhängigkeit von Gott, von Verführung, Entmutigung und Verdrehung. Das einzig wirklich Neue, das unter den vielfältigen Angeboten auf dieser Erde zu finden ist, kommt allein aus dem Wahrheitsangebot des Wortes Gottes! Was von Gott kommt, ist wahr, ist grundsätzlich anders als alles, was auf dieser Erde gedacht, verkündigt und geglaubt wird und ist insofern neu und die wahre Alternative. Was vom Teufel kommt ist alt, abgegriffen, voller Lüge und enthält auch dann, wenn es sich als neu darstellt, nur die alten Gesichtspunkte der Feindschaft gegen Gott, der Verführung zur Selbsterlösung und Selbstverherrlichung in neuem Gewand und in neuen Worten.

Der Einbau von Gottes Gedanken, also den göttlichen Wahrheiten, in unserer Persönlichkeit erfolgt in zwei Ebenen:

1. Durch die geistliche Wiedergeburt wird uns ein neuer göttlicher Geist gegeben, der aus der Vereinigung von Wort Gottes (Jesus) und dem Heiligen Geist empfangen wird und zur Geburt gelangt. Dieser Geist wird nach dem Zeugnis der Schrift ausschließlich durch das Wort Gottes ernährt. Durch ständige Zufuhr von göttlicher Nahrung in Gestalt von biblischen Wahrheiten erfährt unser Geist Wachstum, Stärke, Stabilität und Einfluß über die menschliche Person.

2. Ein anderer Anteil der Prägung der Persönlichkeit vollzieht sich in unserer Seele. Diese wird auf zweifachem Wege verändert. Zum einen wird sie durch die Wiedergeburt als dominanter Teil unserer Person entmachtet und unter die Vorherrschaft unseres Geistes gestellt. Über ihn und durch das Wort Gottes direkt folgt dann im weiteren der Aufbau der Seele zu göttlicher Funktionsfähigkeit, indem sie lernt, einwandfrei rational zu operieren, angemessene und beglückende Gefühle zu erzeugen und eine starke Willenstätigkeit gemäß dem Willen Gottes zu entwickeln. Das nennt das Wort Gottes Errettung der Seele (siehe z.B. Philliper 2,12, Hebräer 10,39 und Jakobus 1,21).

Wir halten fest: Die göttlichen Gedanken, die Wahrheiten von revolutionärer Andersartigkeit und Tiefgründigkeit darstellen, wirken gleichzeitig auf unseren Geist und auf unsere Seele. Letztere erfährt ihre Entfaltung und göttliche Umprägung allerdings nur auf dem Weg unter die zusätzliche Unterordnung unter unseren Geist, der nach dem Willen Gottes die Dominanz in unserer Persönlichkeit innehaben soll (siehe dazu meine Bücher "Lust am Herrn", Aufbruch-Verlag 1991 und "Eine vollkommene Erlösung", Aufbruch-Verlag 1990).

Der schwierigere Anteil dieses Prozesses ist nach dem Zeugnis der Schrift der der Umgestaltung unserer Seele. Denn der Seele wird zugemutet, daß sie ihre alten Strebungen, dominanten, fleischlichen Wünsche und Selbstherrlichkeitstendenzen aufgibt und sich unter dem Primat unseres sich entwickelnden Geistes bewußt vom alten Wesen distanziert. Unser Geist indessen hat es scheinbar leichter, indem er einfach nur zu wachsen braucht, indem er sich ständig neue und aufbauende Kost aus dem Wort Gottes verschafft.

Die gewissenhafte Untersuchung der biblischen Lehre über die Entwicklung unserer Persönlichkeit beweist, daß das Wachstum unseres Geistes nur in dem Maße vonstatten geht, wie dieser seine gewonnenen Kräfte dazu nutzt, die Seele unter seine Kontrolle zu bringen, ihre fleischlichen Gedanken und Ziele dem Tod zu übergeben, um diese dann zu völlig neuen Zielen aufzubauen.

Dementsprechend bemißt das Wort Gottes das Wachstum der Gesamtpersönlichkeit mehr nach dem Stand der Veränderung unserer Seele (als dem letzten und schwierigsten Anteil dieses Prozesses) als dem Grad der Ausbildung unseres Geistes. Letztlich geht beides synchron vonstatten, jedoch ist die Umprägung und die Heilung unserer Seele deutlicher an ihren Auswirkungen zu erkennen.

Das ist auch der Grund, weswegen nach 3. Johannes 2 die Heilung unserer Seele und ihr Wohlergehen als Voraussetzung eines umfassenden Segens in unserer Nachfolge festgestellt wird:

> **3. Johannes 2**
> **Mein Lieber, ich wünsche, daß es dir in allen Stücken wohlgehe und du gesund seiest, so wie es deiner Seele wohlgeht.**

Ich habe in meinen Büchern schon viele Male auf die Tiefgründigkeit dieses einzigartigen Satzes hingewiesen. Auch diesmal will ich es nicht unterlassen: Nur in dem Maße, wie es unserer *Seele* wirklich gut geht, haben wir von der Schrift her das Anrecht darauf, daß wir in jeder anderen Hinsicht Wohlergehen erfahren und auch sonst körperlich und seelisch gesund sein sollen.Es kommt aber sehr darauf an, daß wir genaue Vorstellungen davon haben, wie seelisches Wohlergehen im Detail aussieht und daß dieses Bild der Kennzeichnung seelischen Wohlergehens in der Schrift entspricht.

Wenn wir die bisher gefundenen Gesichtspunkte zusammenfassen, dann kommen wir zu folgendem Ergebnis: Das Wort Gottes bekennt sich zu einer ganz bestimmten und unveränderbaren Reihenfolge der Entwicklung unseres geistlichen, seelischen, sozialen Lebens. Nach stattgehabter Bekehrung und Erfüllung mit dem Heiligen Geist, was nicht ein einmaliger Vorgang bleiben, sondern von täglich neuer Erfüllung gefolgt sein soll (Epheser 5,18-21), werden wir aufgefordert, ständig unseren Geist und unsere Seele durch bewußte Neuaufnahme von göttlichen Gedanken zu füllen und damit zu erneuern. Diese göttlichen Gedanken sind nichts anderes als objektive Wahrheiten über Gottes Wesen, sein geschichtliches und gegenwärtiges Handeln für uns und an uns und auch gegen den Teufel und somit die exakte Darstellung von allen Aspekten der Erlösung.

Alle Prinzipien der Welt stellen immer nur Wiederholungsvorgänge und -angebote aus dem Reservoir teuflischer Lüge und Verführung dar. Das wirklich Neue kommt allein von Gott und ist aufbauend, wohltuend, völlig frei von jedem Element der Lüge, der Zerstörung, der Unlust und des Unterganges.

Diese Gedanken sollen wir in unseren Geist und in unsere Seele einspeisen und damit unser Denken und Bewußtsein füllen. Die Erneuerung unseres Denkens durch diese neuen Gedanken ist Anfang jedes Veränderungsprozesses und unterhält ihn auch auf Dauer.

In einer dritten Phase werden mit der Veränderung unserer Identität und unseres Wesens, die auch die seelischen Anteile unserer Person wie Denken, Gefühle und Willenstätigkeit einschließen, solche Energien freigesetzt, daß sich dann auch alle anderen Umstände unseres Lebens zum Positiven verändern. Das schließt sowohl unseren Körper als auch die Außenumstände ein. Es wird uns nämlich verheißen, daß es uns unter der Voraussetzung des Wohlergehens unserer Seele in jeder anderen Hinsicht gut gehen soll.

Noch eins: An keiner Stelle im Wort Gottes finden wir einen Hinweis darauf, daß dieser Prozess qualvoll, bedrückend und von Leid erzeugenden Entbehrungen bestimmt sein soll. Er geht wohl mit gewaltigen Umgestaltungen in unserer Persönlichkeit einher, die auch das Absterben von bestimmten unabhängigen Haltungen und Wünschen beinhalten. Dennoch ist es ein schöner Prozess, der überhaupt nur dadurch unterhalten werden kann, daß wir ihn als lustvoll und wohltuend erleben.Daß wir im Rahmen der Heiligung täglich sterben müssen, und zwar unter schmerzhaften Entbehrungen und Verzicht auf manche Lust, ist eine Theologie, die aus hellenistischen Quellen gespeist ist und praktisch dadurch zustande kommt, daß man in sorgloser Manier Bibelaussagen zusammenfügt, die von Tod und Sterben handeln, ohne auf den exakten Kontext und die Zeitformen zu achten.

3. Kapitel

Der Punkt des Archimedes

Auf dieser Erde ist fast alles fließend, relativ und in ständiger Verwandlung begriffen. Archimedes sah und beklagte das. Deswegen sagte er: "Gebt mir einen feststehenden Punkt in dieser Welt, und ich kann sie dadurch aus ihren Grundlagen herausheben."

Die einzige feststehende Konstante in der Welt, die nicht nur festgefügt, sondern auch obendrein voll von Liebe und Kraft ist, ist das Wort Gottes. Das ist auch der Grund, weswegen die Veränderung unserer Person durch sie geschieht. Wir können nicht durch Außenumstände und auch nicht durch innere Gefühls- und Stimmungsumstände verändert werden, weil wir über beide keine willentliche Macht haben. Deswegen scheiden sie als Erziehungs- und Veränderungsmittel, das planbar und handhabbar ist, aus.

Mit unserem Willen haben wir aber sehr wohl Macht über unsere Gedankenwelt. Wir können mit unserem Willensentscheid in Übereinstimmung mit unserem Gewissen festlegen, welche Gedanken wir in uns hineinlassen und welche wir aussperren. Mit unserem Willen und durch Weisung unseres Gewissens können wir die Pforten unseres Bewußtseins besetzen und darauf achten, daß nur jene Gedanken Einlaß finden, die sich in Übereinstimmung mit unseren Wertevorstellungen und unserem Lebenskonzept befinden.

Als Kinder Gottes sind wir auch gleichzeitig Kinder des Lichtes und haben ein Verständnis für das göttliche Licht, seine Wahrheit. Demgemäß kann unser durch das Wort Gottes geschultes Gewissen erkennen, welche Wahrheitsangebote, die von draußen kommen, mit der Wahrheit des Wortes Gottes übereinstimmen und welche nicht.

Durch fortwährende Prüfung aller möglichen gedanklichen Angebote, die uns aus der Welt der Sinneswahrnehmung, aus der eigenen Gedankenwelt oder auch durch Zuflüsterung des Feindes erreichen, kommt es nach und nach zu einer Umschichtung und Erneuerung der Denkinhalte unseres Verstandes und Herzens, so daß daraus schließlich eine gänzliche Erneuerung des Denkens resultiert. In dem Maße nun, wie unser Denken erneuert worden ist, werden wir dann nachfolgend immer besser im Stande sein, zu erkennen und sogar zu prüfen, was Gottes Wille und demnach auch seine Wahrheit ist, die sich in Gutem, Wohlgefälligem und Vollkommenem äußert.

Der Gipfel dieser biblischen Offenbarung besteht nun darin, daß die Gesamtperson, ihre Identität und Eigenart aus der Summe der zugelassenen und bejahten Denkinhalte bezieht :

> **Sprüche 23,7**
> **Wie der Mensch denkt, so ist er. (Übersetzung nach dem masoretischen Text)**

Nun müssen wir erkennen, daß alle Angebote, die es auf dieser Welt gibt, welche nicht in Übereinstimmung sind mit der Wahrheit des Wortes Gottes, Lüge darstellen. Wir bewegen uns in einem gefallenen Welt-, Werte- und Denksystem. Selbst das, was uns aus dem Bereich des Sichtbaren entgegentritt, ist ein Stück gefallene Welt und wird, wenn es anfängt zu reden, immer nur Lüge produzieren. Jede Not, jede Krankheit, jede Schwierigkeit spricht ununterbrochen zu unserem Herzen. Entweder werden wir verführt, indem uns diese Not sagen will, daß sie so lächerlich klein ist, daß wir sie, im Anbetracht unserer eigenen Einsicht und Kompetenz, mit Leichtigkeit selbst überwinden können. Oder in anderen Fällen werden die Umstände uns zu verstehen geben, daß sie unbeweglich sind und durch nichts weichen und überwunden werden können. Sie reden durch Gedanken und Stimmungen zu uns, daß das unser Ende sei, daß das Scheitern unausweichlich sei und daß wir uns mit dem unausbleiblich schlimmen Ende der vorliegenden Problemsituation vertraut machen und zufrieden geben müssen. Also, selbst auf Umstände ist kein Verlaß. Wir sind von Lügen umgeben. Das umso mehr, als der Gott dieser Welt, der Teufel, der Erzbösewicht und die Schlange, alle Umstände und Situationen gebraucht, um dadurch Lügen über uns, gegen uns und auch in uns zu erzeugen.

Alle Lügen, die wir angenommen haben, zerstören uns. Die göttliche Wahrheit, das einzige Gegenstück zur Lüge des Teufels, baut auf und verändert uns zum Positiven. Auch unsere eigenen und innersten Strebungen und Ziele, die scheinbar nicht von außen gesteuert sind, sind nicht verläßlich. Wenn wir nicht vom Wort Gottes geprägt sind, werden wir letztlich von fleischlichen Gedanken und Wünschen gesteuert:

Römer 8,5-8
5 Denn die da fleischlich sind, die sind fleischlich gesinnt; die aber geistlich sind, die sind geistlich gesinnt.
6 Aber fleischlich gesinnt sein ist der Tod, und geistlich gesinnt sein ist Leben und Friede.
7 Denn fleischlich gesinnt sein ist Feindschaft wider Gott, weil das Fleisch dem Gesetz Gottes nicht untertan ist; denn es vermag's auch nicht.
8 Die aber fleischlich sind, können Gott nicht gefallen.

Wir entnehmen diesen Aussagen folgende desillusionierende Einsichten: Unsere edelsten Strebungen, die uns in der Sicht der Menschen zum Kandidaten des Friedensnobelpreises machen könnten, sind ohne die Einwirkung der motivierenden Wahrheit Gottes fleischlich. Sie sind auf Selbsterhöhung und Unabhängigkeit von Gott gerichtet. Das Wort sagt uns nun, daß fleischlich gesinnt sein Tod ist. Fleischliche Gesinnung ist Feindschaft gegen Gott. Fleischliche Gesinnung kann dem Gesetz Gottes grundsätzlich nicht untertan sein und deswegen Gott nicht gefallen.

Es bleibt dabei, die einzig heilsame und auferbauende Kraft, die uns zum Positiven verändert, ist die Wahrheit Gottes.
Die Wahrheit befreit uns, und zwar von allem, was der Befreiung bedarf.
Die Wahrheit verändert unseren Charakter und befähigt uns zur Liebe, Barmherzigkeit und Gnade.
Die Wahrheit ist der beste Schutz gegen alle Gefahr, Einschüchterung und Angst.
Die Wahrheit ist durch und durch positiv, aufbauend, tröstend, wohltuend und erquickend.
Die Wahrheit Gottes ist Leben aus göttlicher Gerechtigkeit.

Viele Christen haben ein verkehrtes Verständnis von dem Begriff Wahrheit. Sie denken sofort an Wahrhaftigkeit im Sinne von gänzlichem Entblößtsein vor den durchdringenden Augen Gottes und verbinden damit die gedankliche Vorstellung, daß sie sich selbst von aller Lüge fernhalten und moralisch anständig leben sollen. Das ist aber nur ein Teil, und zwar der geringere Teil der Wahrheit. Die Wahrheit ist nicht Abwesenheit von Lüge, sondern positiv zu verstehen: Sie ist die Summe von allen wohltuenden, guten Erlösungsangeboten, die beschreiben, daß unsere Probleme durch Jesus bereits beseitigt sind und alle Voraussetzungen zur Hilfe vorliegen. Wahrheit ist nicht ein geistiges Fluidum. Wahrheit ist die Fülle von allen geschichtlichen Maßnahmen, die Gott durch seinen Sohn und den Heiligen Geist ergriffen hat, um uns aus den Nöten und Verstrickungen dieser Welt herauszulösen. Wahrheit ist Hilfe in Person, in Jesus Christus (mehr zu den herrlichen und erfrischenden Aspekten der Wahrheit ist in meinem Buch nachzulesen: "Erkennen, Glauben, Bekennen", Aufbruch-Verlag 1991).

Beispiele der verändernden Kraft der Wahrheit

Mehr als viele theoretische Erörterungen können Beispiele verdeutlichen, wie Gottes Wahrheiten, die wir als unsere Gedanken in unser Denken einbauen, uns verändern.

Erstes Beispiel (Anja):

Sie war von Kindheit an ungeliebt, fühlte sich entsprechend abgelehnt und verschmäht. Daraus resultierte die Unfähigkeit, Liebe anzunehmen und Liebe zu geben, so daß ihre Beziehungsfähigkeit erheblich gestört war. Sie war immer allein und litt unter einem Einsamkeitskomplex. Obendrein war sie von Minderwertigkeitsgefühlen erfüllt und versuchte durch ständige unnatürliche Verhaltensweisen die Aufmerksamkeit ihrer Umgebung auf sich zu ziehen. Damit hatte sie keinen Erfolg. Der Befund ist eindeutig. Wo konnte Hilfe herkommen? Nirgendwo sah sie jemand, der sie liebte, und wo es der Fall war, konnte sie die Liebe nicht erkennen und annehmen. Alle

Menschen verhielten sich obendrein ablehnend, und ihr Inneres sagte ihr ständig, daß niemand sie mag, daß sie ungeliebt und wertlos sei. Selbst ihr Verständnis von Gott, das aus ihrer Vergangenheit übernommen war, meldete nichts anderes: Gott habe sie verlassen und habe kein Interesse an ihr, was sie an ihren Innen- und Außenerfahrungen eindeutig ablesen könne.

Veränderung durch Erneuerung des Denkens

Anja hat erkannt, daß alle Informationsquellen, die etwas über sie gesagt haben oder sagen könnten, lügen. Selbst ihr religiöses Gewissen und bisherige Einsicht machten keine Ausnahme davon. Sie holte sich nun die objektive Wahrheit über sich aus dem Wort Gottes. Sie erkennt, daß Gottes Wort seine direkte Äußerung an sie persönlich ist:

> **Jesaja 49,15-16**
> **15 Kann auch ein Weib ihres Kindleins vergessen, daß sie sich nicht erbarme über den Sohn ihres Leibes? Und ob sie seiner vergäße, so will ich doch deiner nicht vergessen.**
> **16 Siehe, in die Hände habe ich dich gezeichnet; deine Mauern sind immerdar vor mir.**

Anja erkennt die Wahrheit Gottes über sie:

* Gott liebt sie mehr als jede Mutter ihr Kind lieben könnte.
* Gott sieht ununterbrochen auf mich, ich stehe ständig in seinem Bewußtsein.
* Er denkt ständig an meinen Schutz.
* Ich bin in seinen Augen schutzwürdig.
* Er vergißt mich nie.
* Meine Mauern, mein Schutz, ist ihm wichtig und wird von ihm selbst besorgt".

Dieses sind Tatsachen aus der unsichtbaren Welt, die für diese sichtbare Welt Gültigkeit haben. Sie sind Offenbarungstatsachen, sie gelten für jeden aber werden jetzt für Anja durch den Heiligen Geist verfügbar gemacht. Es sind keine Offenbarungserkenntnisse im Sinne von speziellen Erkenntnissen, die Gott im Unterschied und Gegensatz zu anderen nur ihr gegeben hat. Der Begriff *Offenbarungstatsache* meint nur, daß der Inhalt dieser Wahrheit nicht aus der sichtbaren und diesseitigen Realität zu gewinnen ist.

Anja erkennt, daß diese Worte der Wahrheit nicht nur allgemein gültig sind, sondern hundertprozentig auf sie passen und ihr gelten. Sie ergreift die Wahrheit und hält sie fest. Diese Wahrheiten haben eine ungeheuere Wirkung auf sie. Schon nach wenigen Minuten verspürt sie, wie mancher Druck, der Schmerz des Abgewiesenseins und der Verlorenheit weichen. Sie ist offen für weitere Wahrheit dieser Art:

Jesaja 54,10
Denn es sollen wohl Berge weichen und Hügel hinfallen, aber meine Gnade soll nicht von dir weichen, und der Bund meines Friedens soll nicht hinfallen, spricht der Herr, dein Erbarmer.

Anja bekommt eine Erleuchtung über die unerhörte und umfassende Wahrheit dieses Wortes. Der Herr erklärt ihr persönlich seine Wahrheit:

* Gottes Gnade und Erbarmen wird nicht von ihr weichen.
* Sie kann offenbar auch Fehler machen, sogar hunderte und tausende von Fehlern, doch Gottes Gnade wird nicht von ihr weichen.
* Eher geht die Welt unter, als daß Gott sich von ihr zurückzieht.
* Sie bekommt eine Zusatzoffenbarung: Gnade bekommen heißt, Geschenke annehmen. Sie muß nichts verdienen!
* Sie erlebt, wie Gott zu ihr spricht, du darfst nichts verdienen. Du bist aus der Pflicht entlassen, die du dir selbst auferlegt hast, meine Liebe, meine Barmherzigkeit und meine Wohltaten verdienen zu müssen.

* Ich habe einen Bund mit dir geschlossen, wonach ich Frieden mit dir gestiftet habe. Dieser Bund wird niemals aufhören.

Dann geht der Blick von Anja auf den Vers davor:

Jesaja 54,9
Ich halte es wie zur Zeit Noahs, als ich schwor, daß die Wasser Noahs nicht mehr über die Erde gehen sollten. So habe ich geschworen, daß ich nicht mehr über dich zürnen und dich nicht mehr schelten will.

Anja versteht noch besser:

* Ich bin ein Kind Gottes.
* Auf mir liegt kein Gericht mehr. Gott hat regelrecht geschworen, daß er mich nicht mehr schelten und mir nicht zürnen wird!

Anja realisiert:

* Jeder Zorn und jede Schelte, die ich in mir verspürt habe und deren Herkunft ich im Herzen Gottes wähnte, haben einen anderen Ursprung. Das war eine Lüge des Teufels, die dieser unter Verdrehung des Bildes Gottes in mein Herz hineingelegt hat.
* Anja trennt sich von der Lüge und erklärt, daß Gott nicht lügen kann und nicht lügen will. Er steht trotz ihrer Fehler völlig zu ihr.

Anja erlebt zwischendurch so etwas wie euphorische Gefühle, zumindest Empfindungen der Erleichterung. Kurz danach sinkt sie doch wieder in ihre alte Stimmung und Apathie zurück. Ehe sie sich versieht, haben die alten Stimmungen wieder Oberhand gewonnen und singen das alte Lied der Trauer, der Verzagtheit und des Selbstmitleides.

Anja denkt: Es hat ja doch keinen Zweck. Für einen Augenblick war alles so schön. Aber jetzt fühle ich nichts mehr von Gottes Liebe und Barmherzigkeit. Ich muß mich doch getäuscht haben, denn in mir ist die alte Stimmungswirklichkeit.

Der Heilige Geist kommt erneut zu ihr durch und erklärt ihr den Sachverhalt: Nicht Stimmungen und neue Gefühle, die über dich hereinfallen, sollen dich verändern. Du sollst dich selbst verändern, indem du deine alten Gedanken austauscht gegen meine neuen. Das ist ein ständiger Prozess und nicht ein Ereignis, das einmal über dich kommt, und im nächsten Augenblick kannst du nicht anders, als ständig erlöste und behagliche Gefühle zu haben. Meine Wahrheit verändert dich, wenn sie ständig auf dich einwirken darf. Sorge du dafür, Anja, daß sie das bei dir tun kann.

Anja hat verstanden und wiederholt diese beiden Bibelstellen immer wieder. Sie läßt es nicht dabei bewenden, daß der Klang der schönen Worte ihr gut tut. Sie dringt immer wieder zu den eigentlichen prinzipiellen Aussagen vor, die diese Worte über sie machen. Sie sättigt ihr Herz mit Wahrheit. Weil es ihr offensichtlich gut tut, erkennbar an der Abnahme von Verzagtheit, Spannung und Unlustgefühlen, sucht sie betend nach weiteren Worten, die solche tiefgehenden Wahrheiten über sie enthalten. Sie findet sie:

> **Jesaja 43,1b, 2-5**
> **1b Fürchte dich nicht, denn ich habe dich erlöst; ich habe dich bei deinem Namen gerufen; du bist mein.**
> **2 Wenn du durch Wasser gehst, will ich bei dir sein, daß dich die Ströme nicht ersäufen sollen; und wenn du ins Feuer gehst, sollst du nicht brennen, und die Flamme soll dich nicht versengen.**
> **3 Denn ich bin der Herr, dein Gott, der Heilige Israels, dein Heiland. Ich habe Ägypten für dich als Lösegeld gegeben, Kusch und Seba an deiner Statt,**
> **4 weil du in meinen Augen so wert geachtet und auch herrlich bist und weil ich dich lieb habe. Ich gebe Menschen an deiner Statt und Völker für dein Leben.**
> **5 So fürchte dich nun nicht, denn ich bin bei dir.**

Die Wirkung dieser Worte auf Anja war unmittelbar und stark. Kurz danach kamen Zweifel, ob diese denn auch für sie gelten. Vielleicht enthalten sie nur eine Aussage über das Volk Israel? Dann gräbt sie sich in den Zusammenhang hinein und erkennt, daß dieses Wort eine Wahrheit für das Volk Israel, für die Gemeinde und für jeden einzelnen in der Gemeinde, also auch für sie darstellt. Sie erkennt, das Gott folgende fundamentale Feststellungen in Bezug auf sie trifft:

* Die Umstände sagen nichts Wichtiges und Relevantes über mich aus.
* Ich bin erlöst. Gott hat mich persönlich bei meinem Namen gerufen. Ich gehöre ihm.
* Er ist ständig bei mir und schützt mich.
* Die drohenden und mißlichen Umstände tun so, als ob sie mich verschlingen könnten. Aber das stimmt nicht. Es wird mich am Ende kein Schaden getroffen haben. Denn Gott ist ein Erretter.
* Obendrein sagt das Wort mir, daß ich meinem Herrn sehr wertvoll und kostbar bin.
* Ich bin geliebt.
* Gott hat andere und anderes für mich geopfert, um mich zu befreien.
* Er hat sich selbst für mich dahingegeben. Also muß ich sehr kostbar sein.

Anja stellt sich die entscheidende Frage: Trifft das alles nur dann zu, wenn ich entsprechende Gefühle empfinde, die mir sagen, daß diese Aussagen wahr sind? Anja kommt zu dem Ergebnis, daß die Wahrheitsfrage nicht durch Gefühle beantwortet wird. Die Wahrheit ist unabhängig gültig davon, ob ich sie fühle oder nicht. Sie entfaltet ihre Wirkung, wenn ich sie bejahe. Anja muß an **Jesaja 53,3 u.4** denken:

> **"Er war der Allerverachtetste und Unwerteste, voller Schmerzen und Krankheit. Er war so verachtet, daß man das Angesicht vor ihm verbarg; darum haben wir ihn für nichts geachtet. Fürwahr, er trug unsre Krankheit und lud auf sich unsre Schmerzen."**

Anja erkennt den heilsgeschichtlichen Hintergrund aller Wahrheiten, die sie gelesen hat und ihr wohltaten. Jesus hat sich mit allen Erfahrungen und Gefühlen von Ablehnung, Verachtung, Einsamkeit, Lieblosigkeit, Unwertgefühl und Schmerzen verbunden. Jesus hat einen Austausch von geschichtlicher Dimension vollzogen: Er hat alle ihre Erfahrungen, Gefühle, Innen- und Außenumstände an sich gezogen und sie gleichsam absorbiert und verschlungen, damit sie im Gegenzug die entsprechenden Erfahrungen der Hilfe, der Befreiung und der Heilung machen könne. Sie erkennt den Sachverhalt und bejaht ihn. Anja fordert nicht mehr, daß sofort Gefühle da sein müssen. Sie ist zunächst damit zufrieden, daß ihr eine innere Entspannung als Folge der Annahme der Wahrheit zuteil wird. Sie weiß, daß sie geliebt ist. Sie weiß, daß sie vom Herrn als der wichtigsten Person angenommen, erlöst, bejaht und anerkannt ist. Dieses neue Denken gewinnt mehr und mehr an Tiefe und Gewicht. Nach einiger Zeit kommen die entsprechenden Gefühle dazu. Anja erlebt sich als eine andere Person mit einer neuen und schönen Identität.

Im Laufe dieser Veränderung haben sich weitere Dinge ergeben, die die unmittelbare Folge von der erkannten und angenommenen Wahrheit sind: Sie lernt zu vergeben, und erfährt, daß dämonische Besetzungen, als Folge ihrer fortwährenden Entscheidung für die Wahrheit, weichen müssen. Anja fühlt sich wohl und akzeptiert. Sie entwickelt neue Freude an Beziehungen, ihrer Umgebung und kann Gott auch in allen anderen Hinsichten glauben.

Als Anja auf diese Entwicklung zurückschaute, sah sie viele interessante Aspekte und neue Erfahrungen. Sie wußte genau: Die Mitte dieses heilsamen Geschehens waren die neuen Wahrheiten, die sie als verläßliche Gedanken in ihr Denken eingebaut hat.

Zweites Beispiel (Siegfried):

Siegfried litt an seiner Leistungsunfähigkeit. Er fühlte sich für das Leben untauglich, sah keine ausgesprochene Begabung und erst recht nicht jenes Durchsetzungsvermögen in sich, das man braucht, um im Leben Erfolg zu haben. Seine Kraftlosigkeit gepaart mit dem Gefühl der Wertlosigkeit stand ihm ununterbrochen vor Augen.

Er litt obendrein darunter, daß seine Umgebung so brutal und rücksichtslos war. Er sah sich als einen Versager und ein Opfer der grausamen Umgebung. Die Folge war, daß Siegfried von Ängsten und Selbstmitleid bestimmt war. Was er kaum bei sich wahrnahm, was aber stark sein Erscheinungsbild bestimmte, war seine Bitterkeit und seine Härte.

Bei Siegfried lag ein Verbund von negativer Innenprogrammierung und konstant leidvoller Außenerfahrung vor. Es schien so, als ob es kein Ausbrechen aus dem Gefängnis gab, das von diesen beiden Mauern umgeben war. Wohin Siegfried auch sah, er sah nur dieselben negativen Kräfte und Umstände.

Wie aber lautet der biblische Befund? Was sind Gottes Gedanken über Siegfried? Die Wahrheiten des Wortes Gottes sollen die Gedanken von Siegfried werden, die ihn verändern können, wenn er sie annimmt. Was sind die biblischen grundsätzlichen Positionen, die das Leben von Siegfried verändern sollten:

> **2. Korinther 3,5-6**
> **5 Nicht daß wir tüchtig sind von uns selber, etwas zu erdenken als von uns selber; sondern daß wir tüchtig sind, ist von Gott,**
> **6 welcher uns auch tüchtig gemacht hat zu Dienern des neuen Bundes, nicht des Buchstabens, sondern des Geistes. Denn der Buchstabe tötet, aber der Geist macht lebendig.**

* Das Wort Gottes stellt über Siegfried fest, daß er grundsätzlich fähig gemacht worden ist, ein Diener des neuen Bundes zu sein. Das trifft auch dann zu, wenn er sich nicht dementsprechend fühlt.
* Ein Diener des neuen Bundes zu sein, das heißt, gehorsam sein zu können.
* Die Befähigung liegt nicht in Siegfrieds eigener Leistungsfähigkeit, sondern ist ein Geschenk von Gott.
* Weil Gott ihn fähig gemacht hat, so ist er auch "fähig gemacht zur Erbschaft der Heiligen im Licht" (Kolosser 1,12).
* Das Wort attestiert Siegfried nicht nur die Fähigkeit als Diener Gottes, sondern auch eine grundsätzliche und allgemeine Fähigkeit (Vers 5).

Gott hat Siegfried schon zu allem befähigt, wozu er ihn berufen hat.

Siegfried leidet an demselben Problem, das vor ihm und mit ihm schon viele anderen Christen hatten. Sie fühlen das nicht, was Gottes Wort über sie ausspricht. Deswegen weist der Heilige Geist ihn auf Joel 4,10 hin: "Der Schwache sage: ich bin stark".

* Das Einsehen der eigenen Schwäche ist die Voraussetzung dazu, daß Gott seine Fähigkeit hinzuaddieren kann.
* Diese Fähigkeit wird manifest, wenn wir sie glaubend aussprechen.
* Unser Denken wird umprogrammiert hin zu der Wahrheit, die in der Tiefe des Geistes bereits installiert ist, wenn wir die göttlichen Wahrheitspositionen erkennen, glauben und immer wieder bekennen.

Nachdem Siegfried die ersten Entscheidungen getroffen hat, diese Wahrheitspositionen als wichtig und für sich gültig anzuerkennen, schließt der Heilige Geist ihm drei weitere Schriftstellen auf:

Philipper 4,14
Ich vermag alles durch den, der mich mächtig macht (stärkt).

2. Korinther 2,14
Gott sei gedankt, der uns allezeit Sieg gibt in Christus und offenbart durch uns den Wohlgeruch seiner Erkenntnis an allen Orten.

Römer 8,37
Aber in all dem überwinden wir weit durch den, der uns geliebt hat.

Siegfried bekommt zunehmende Innenoffenbarungen über seine neue Fähigkeit und Stärke, die das Wort Gottes als real und konkret vorhanden beschreibt und die mächtige Blöcke von Wahrheiten darstellen. Er entscheidet sich, zu glauben, daß nicht das stimmt, was er bisher fühlte oder gedacht hat und was sich auch in leidvollen Schwächeerfahrungen und -bestätigungen bisher geäußert hat. Er stellt fest:

* Das Wort Gottes enthält andere Aussagen über mich. Ich treffe die Entscheidung, diese Wahrheiten für mich als wahr anzuerkennen: Der Herr autorisiert und stärkt mich dazu, daß ich alles bewältigen kann wozu er mich berufen hat.
* Ich werde in meiner jetzigen Situation also nicht untergehen.
* Die Kraft Gottes ist da, auch wenn ich sie nicht spüre.
* Ich mache mich nicht abhängig von meinem Kräfte-, bzw. Schwächegefühl, sondern von dem, was Gottes Wort über mich sagt.
* Gottes Wort erklärt verbindlich, daß ich ununterbrochen unter einem Zustrom von sieghaften Impulsen und Kräften stehe.
* Dieser Zustrom von Kraft ist auch jetzt vorhanden, auch wenn ich ihn nicht fühle.
* Ich muß deswegen keine Niederlage hinnehmen.
* Selbst wenn ich zwischendurch einzelne Schlachten verliere, bin ich dennoch auf den Kurs des Sieges eingeschwenkt.
* Ich bin ein potentieller Sieger, weil Jesus den Sieg über den Teufel, den Gott dieser Welt und diese Welt bereits errungen hat.
* Dieser Zustrom von Sieg, Kraft und Autorität ist so sicher, daß von mir eine neue Ausstrahlung an Überzeugung ausgeht.
* Ich glaube an das, was das Wort Gottes über meine Siegesbefähigung sagt. Indem ich in dieser Überzeugung und Erkenntnis von Wahrheit wandele, verbreite ich einen Wohlgeruch an Erkenntnis Gottes überall, wo ich hingelange.
* Ich glaube, daß ich nicht mehr Versagen, Verlust und Niederlage ausstrahle, sondern eine Ausstrahlung von Gott gewirkter Zuversicht, Freude und Kraft von mir ausgeht.

Aber ich erkenne, diese Fähigkeit liegt in Gott und nicht in mir.

* Ich bin von Gott geliebt, der es in seiner Liebe nicht ertragen und zulassen will, daß ich untergehe.
* Seine Liebe bedeutet, daß er mir Gutes erweist, wo immer ich es brauche.
* Indem ich seine Liebe annehme, empfange ich all das Gute, was er mir an Motivation, Zuwendung, Bejahung, Bestätigung und Kraft schenken will.
* Als Geliebter bin ich furchtlos (die völlige Liebe treibt die Furcht aus; 1. Johannes 4,18).
* Ich erkenne, wenn Gott mich so liebt, daß er für mich seinen Sohn gegeben hat, wie sollte er mir dann mit ihm nicht alles andere geben, was ich brauche?

Siegfried hat nicht eine Sofort-Bekehrung zu neuem Lebensmut und Verständnis seiner Kraft und Befähigung empfangen. Am Anfang spürte er nichts von dem, was das Wort Gottes über ihn aussagt. Sein Fortschritt war deutlich langsamer als der von Anja.

Aber Siegfried erkannte die machtvolle Wirkung von Gottes Wahrheit, die nicht nur anders war als alles andere, was er bisher gehört und gedacht hatte, sondern auch stärker. Siegfried füllte sein Bewußtsein, sein Denken und auch sein Reden mit den Positionen des Wortes Gottes. Nach und nach wurden seine Gedanken positiver, freundlicher und weniger belastend. Zwischendurch gab es einige häßliche Abstürze, die ihn fast bewogen hätten, mit dem Programm abzubrechen. Aber er hatte Freunde, die für ihn beteten, daß er den Geist der Weisheit und der Erkenntnis bekommen möge, um die ganze Wahrheit über Gott und sich erkennen zu können. Im Verlauf von wenigen Wochen wurde sein Denken aufgehellt, er sah sich anders und traute sich auch mehr zu.

Die meisten der Dinge, die er dann in Angriff nahm, verliefen erfolgreich. Siegfried hat sich angewöhnt, nach weiteren Verheißungsworten aus der Schrift zu suchen, die in seine Lebens-

und Charakterkonfiguration hineinpaßten, um aus ihnen zusätzliche Wahrheiten zu entnehmen. Diese füllte er in die Lücken des bisherigen Programmes.

Nach einigen Monaten war Siegfrieds Befinden stabilisiert, sein Image und Selbstbewußtsein zumindest auf der durchschnittlichen Höhe seiner Glaubensgeschwister. Nach weiteren Monaten befand sich Siegfried auf eindeutigem Siegeskurs, aber er wußte auch, wem er das verdankte. Seine Stärke war nicht die eigene Stärke, sondern Fähigkeit und Stärke durch Gott in Christo. Er war in seiner Identität wie ausgetauscht. Die Wahrheit hat ihn freigemacht von allen alten Zeichen der Schwäche, des Versagerbewußtseins, der Niederlage und der Hoffnungslosigkeit.

4. Kapitel

Der Tag, an dem alles losging

Es ist interessant, aus diesem Bibelwort, das wir die ganze Zeit betrachten, noch einmal zu erfragen, wozu die Erneuerung unseres Denkens gut ist. Natürlich wird sie für alle möglichen Belange von Vorteil sein. Eine andere, zum Guten veränderte Persönlichkeit zu sein, das ist in jeder Hinsicht von Gewinn.

Aber hier in Römer 12,2 wird interessanterweise ein Aspekt besonders herausgehoben: "Auf daß ihr prüfen möget, was Gottes Wille ist, nämlich das Gute und Wohlgefällige und Vollkommene."

Durch Veränderung unseres Denkens werden wir erst in den Stand gesetzt zu erkennen und genau zu prüfen, was aus dem vielfältigen Angebot an Erfahrungen, Umständen und allen möglichen Zielen, die sich uns gedanklich und in der Vorstellung darbieten, nun tatsächlich der eindeutige Wille Gottes ist. Ohne göttliches Denken können wir weder den Willen Gottes erkennen, noch eine exakte Prüfungsarbeit vornehmen, wo bei allen möglichen Zielen und Wünschen unseres Herzens Gottes Wille ist und wo nicht.

Uns werden hier drei erstaunliche Kriterien genannt, an denen der geschärfte Verstand nach seiner Erneuerung durch die Wahrheiten Gottes erkennen kann, was Gottes Wille ist: das Gute, das Wohlgefällige und das Vollkommene.

Diese drei Maßstäbe sind demjenigen, dessen Denken nicht durch Gottes Wahrheiten trainiert ist, nicht gegenwärtig. Er denkt und rechnet nicht in diesen Kategorien. Er paßt sich vielmehr den schwankenden und relativen Werten und Maßstäben der Allgemeinheit, der Umgebung und seiner alten Vergangenheit an. Ohne das Training des Verstandes durch die göttlichen Wahrheiten hat er nicht den Mut, nach diesen

Richtlinien vorzugehen. Er ist schwammig, vage, allgemein und zum ständigen Kompromiß bereit.

Weswegen läßt der Heilige Geist uns sagen, daß wir den Willen Gottes so genau klären und prüfen sollen? Die Antwort liegt in dem geistlichen Prinzip, daß wir ohne völlige Klarheit über den Willen Gottes vom Herrn die uns zugedachten Wohltaten nicht erfahren können:

> **1. Johannes 5,14-15**
> **14 Und das ist die Zuversicht (wörtlich: die Kühnheit), die wir haben zu ihm, daß, wenn wir etwas bitten nach seinem Willen, so hört er uns.**
> **15 Und wenn wir wissen, daß er uns hört, was wir auch bitten, so wissen wir, daß wir erlangen, was wir von ihm gebeten haben.**

Wir müssen deswegen den Willen Gottes bei all unseren Wünschen, Gedanken und Widerfahrnissen prüfen, damit wir an dieser Stelle keinen Fehler machen. Wir werden nur dann die Kühnheit gegenüber Gott und im Hinblick auf die uns zustehende Erhörung entwickeln, wenn wir ganz genau wissen, wirklich ohne eine Spur von Zweifel wissen, daß wir mit unserem Gebetsanliegen in der Mitte des Willens Gottes sind. Liegt diese Gewißheit vor, dann ist es sehr leicht, fast unvermeidlich, die Gebetserhörung von Gott zu bekommen, die wir brauchen. Wir sollen schon am Anfang, weit vor dem Eintreffen der sichtbaren Gebetsresultate wissen, daß wir erhört worden sind.

Aus diesem Grunde müssen wir die grundsätzlichen göttlichen Positionen kennen, wenn wir mit unseren Wünschen und Anliegen zu ihm kommen. Durch die Erneuerung unseres Verstandes sind wir befähigt den Willen Gottes erkennen zu können. Wir folgen einfach den Kriterien des Guten, des Gott Wohlgefälligen und Vollkommenen. Das sind typisch göttliche Eigenschaften, die der erneuerte Verstand sehr zuverlässig aus allen möglichen Angeboten und Vorstellungen ausmachen wird. Nur wer mit den absoluten Wahrheiten des Wortes Gottes vertraut ist, ist dazu imstande. Daraus resultiert Kühnheit und aus dieser die Erhörung unserer Gebete.

Viele Christen, die große Liebhaber des Wortes Gottes sind, lesen Tag für Tag im Wort Gottes und fühlen sich dabei getröstet, beruhigt, inspiriert und erfreut. Aber sie erkennen im Wort Gottes nicht die großen Wahrheiten, die unser Leben bestimmen und erfreuen sollen. Wie man den Wald vor lauter Bäumen nicht sehen kann, so kann einem bei der Lektüre der Bibel verborgen bleiben, welches die göttlichen Prinzipien und Gedanken sind, die unser eigenes Denken verändern sollen, uns eine neue Sicht von unserer Umwelt, unserer eigenen Berufung und Gottes großen Aufgaben geben sollen.

Wenn man im Wort Gottes die Wahrheit entdeckt, kommt man auch der Gnade nahe. Beide göttliche Größen gehören zusammen.

Johannes 1,17
Das Gesetz ist durch Mose gegeben; die Gnade und Wahrheit ist durch Jesus Christus geworden.

Erst mit Jesus hat sich die Wahrheit in ihrem umfassenden Sinne offenbart. Mit der Manifestation der Wahrheit wurde auch die Gnade offenbart. Gott will uns sagen, daß er durch Jesus alle grundsätzlichen Fragen und Schwierigkeiten der Menschheit gelöst hat (das ist die Wahrheit) und daß er seine Lösung umsonst anbietet, sie also nur als Geschenk zu empfangen ist (das ist Gnade).

Die göttliche Wahrheit, die ohne Gnade zu uns herüberkäme, wäre schon nicht mehr Wahrheit, weil sie den Eindruck aufkommen ließe, als ob wir diese Wahrheit erwerben oder verdienen müßten. Alles was von Gott kommt, ist kostenlos!

Wenn man erst einmal die Entdeckung gemacht hat, wie gewaltig und grundsätzlich auf der einen Seite und praktisch und detailliert auf der anderen Seite die vielfältigen Angebote der Erlösung Gottes sind, die das Wort summarisch Wahrheit nennt, und wenn man ferner erkannt hat, daß uns alles kostenlos zur Verfügung steht, dann ist das ein großer Augenblick, der eine Wende im Leben eines einzelnen Menschen oder einer Gemeinde werden muß.

So war es auch bei den Kolossern, über deren gewaltiges geistliches Aha-Erlebnis uns Paulus einiges berichtet:

Kolosser 1,3-8
3 Wir danken Gott, dem Vater unsres Herrn Jesus Christus, allezeit, wenn wir für euch beten,
4 da wir gehört haben von eurem Glauben an Christus Jesus und von der Liebe, die ihr zu allen Heiligen habt,
5 um der Hoffnung willen, die für euch bereit ist im Himmel. Von ihr habt ihr schon jetzt gehört durch das Wort der Wahrheit im Evangelium,
6 das zu euch gekommen ist, wie es auch in aller Welt da ist und Frucht bringt und so wächst, wie auch bei euch von dem Tage an, da ihr's gehört habt und erkannt die Gnade Gottes in der Wahrheit.
7 So habt ihr's gelernt von Epaphras, unserm lieben Mitknecht, welcher ist ein treuer Diener Christi für euch,
8 der uns auch kundgetan hat eure Liebe im Geist.

Paulus und seine Mitarbeiter und insbesondere Epaphras haben in ihrem Gebet um die Christen in Kolossä gerungen. Es heißt zum Beispiel von Epaphras in Kolosser 4,12-13: "Es grüßt euch Epaphras, der einer von den euren ist, Knecht Christi Jesu, der allezeit ringt für euch in seinen Gebeten, auf daß ihr dahstehet vollkommen und erfüllt mit allem, was Gottes Wille ist. Ich gebe ihm Zeugnis, daß er große Mühe hat um euch und um die in Laodicea und zu Hierapolis."

Epaphras hat nicht nur im Gebet um die Christen in Kolossä gerungen, sondern sie auch gelehrt. Was war nun der besondere Lehrinhalt, den er ihnen vermittelt hat? Wir finden ihn in Kapitel 1,5b: "Um der Hoffnung willen, die für euch bereit ist im Himmel. Von ihr habt ihr schon jetzt gehört durch das Wort der Wahrheit im Evangelium." Epaphras hat ihnen nicht nur die frohe Botschaft mit vielen inspirierenden Worten mitgeteilt, sondern ihnen aus dem Evangelium das Wort der *Wahrheit* aufgeschlossen. Im folgenden Vers sagt uns nun Paulus, was mit den Kolossern geschehen ist, als sie das Wort verstanden hatten: "Dieses Wort ist zu euch gekommen, wie es auch in aller Welt da ist und Frucht bringet und so wächst, wie auch bei euch *von dem Tage* an, da ihr es gehört habt und erkannt die Gnade Gottes in der Wahrheit."

Das ist eine ungeheuer wichtige Aussage. Wir gehen natürlich auch in diesem Fall davon aus, daß das Wort Gottes nicht lügt und nicht übertreibt. Es muß sich also dort alles so zugetragen haben, wie wir es in diesem Vers beschrieben finden: An dem Tage, als die Christen aus Kolossä in dem Evangelium das Wort der Wahrheit erkannt hatten und dann in der Wahrheit auch die Gnade Gottes erkannt hatten, an dem Tag begann das Wort bei ihnen zu wachsen, wie auch in ihrer ganzen Umgebung (auch in aller Welt), und von dem Tage an begann das Wort bei ihnen Frucht zu bringen.

Paulus datiert die geistliche Explosion in der Gemeinde von Kolossä, die zu Wachstum, Fruchtbringen und Expansion des Wortes Gottes in die gesamte Umwelt führte, auf einen bestimmten Tag! Das ist der Tag, als sie nicht nur wunderbare Worte hörten, sondern in dem wortreichen Evangelium die Wahrheit wahrnahmen und in der Wahrheit die Gnade Gottes.

Wir erkennen, daß diese Entdeckung, daß das Wort Gottes fantastische, schier umwerfend herrliche und prägnante Wahrheitspositionen parat hält, die eine Antwort auf alle unsere Probleme darstellen, von ungeheurer Bedeutung sein muß. Wenn abhängig von dieser inneren Entdeckung eine solche dramatische Entwicklung in der Gemeinde von Kolossä zustande kam, dann kann man dieses Ereignis nicht überbewerten.

Indem uns diese geistliche Urerfahrung der Wahrnehmung von Gnade und Wahrheit im Wort Gottes als bahnbrechendes Ereignis von Gemeindewachstum entgegentritt, dürfen und müssen wir es verallgemeinern: Auch wir sollen diese Innenerfahrung machen, die uns dann genau so, wie die Christen in Kolossä, total verändert, zu glühenden Zeugen Jesu macht und dazu beitragen wird, daß das Wort Gottes in uns und um uns wächst und viel Frucht bringt.

In den anschließenden Versen beschreibt Paulus, daß dieser Tag auch für ihn wichtig war. Denn er sagt in:

Kolosser 1,9-13
9 Darum auch wir von dem Tage an, da wir's gehört haben, lassen wir nicht ab, für euch zu beten und zu bitten, daß ihr erfüllt werdet mit Erkenntnis seines Willens in aller geistlichen Weisheit und Einsicht,
10 auf daß ihr des Herrn würdig wandelt zu allem Gefallen und Frucht bringt in jeglichem guten Werk
11 und wachset in der Erkenntnis Gottes und gestärkt werdet mit aller Kraft durch seine herrliche Macht zu aller Geduld und Langmut.
12 So saget nun Dank mit Freuden dem Vater, der euch tüchtig gemacht hat zu dem Erbteil der Heiligen im Licht
13 und uns errettet hat von der Macht der Finsternis und hat uns versetzt in das Reich seines Lieben Sohnes.

An diesem Tage X ist der Gemeinde in Kolossä zweifelsfrei eine besondere Offenbarung zuteil geworden: Alles, was wir brauchen ist, uns von Gott schon gegeben und ist kostenlos vorhanden. Als Paulus und seine Mitarbeiter sahen, daß die Christen in Kolossä das verstanden hatten, ließen sie nicht nach mit ihrer Fürbitte, sondern sie intensivierten sie sogar, damit die Kolosser mit noch mehr Erkenntnis des Willens Gottes und aller geistlichen Weisheit und Einsicht erfüllt würden, um dadurch des Herrn würdig zu wandeln und noch mehr Frucht zu bringen in jeglichem guten Werk.

Es geht dann in dieser Richtung weiter: Sie sollten dann (Vers 11) noch mehr wachsen in der Erkenntnis Gottes und dadurch gestärkt werden mit aller Kraft durch seine herrliche Macht zu aller Geduld und Langmut und Freuden.

Das nächste Ziel, was dann nach den Vorstellungen von Paulus erreicht werden soll ist, daß sie sich als Erben Gottes erleben, die in den Stand gesetzt werden, (tüchtig gemacht) diese Erbschaft auch anzutreten. Sie sollten auch erkennen, daß sie von der Macht der Finsternis schon errettet sind und daß sie bereits in das Reich seines lieben Sohnes versetzt worden sind.

Gewaltige Dinge kamen in Bewegung, nachdem die Christen in Kolossä diese geistliche Initialzündung in Gestalt einer grundlegenden Erkenntnis erfahren hatten. Alles was danach kam, war zunehmende Erkenntnis, die sofort zu Weisheit, Einsicht, Gehorsamsfähigkeit, Wachstum und Fruchtbringen führte. Die Krone dieser Entwicklung ist dann die Wahrnehmung, daß sie tatsächlich Erben Gottes sind und sogar im Stande sind, die Erbschaft aktuell anzutreten, daß sie befreit sind von der Macht des Teufels und damit im Reiche Jesu, im Reiche Gottes sind.

Wir nehmen angesichts dieser beeindruckenden Aufzählung von Auswirkungen wahr, daß die Betonung der Erkenntnis der Wahrheit und Gnade aus dem Wort Gottes keine Übertreibung darstellt! Wir erkennen ferner auch, daß sie nicht so beiläufig kommt, sondern nur unter dem intensiven und auch opferbereiten Gebetseinsatz von geistlichen Leitern und Christen, die fortwährend, unter geistlichen Wehen fürbittend, für die schon vorhandenen Gläubigen eintreten, damit sie diese Erkenntnis der Wahrheit und der Gnade und damit der Erkenntnis Gottes selbst und seines Reiches empfangen. Dasselbe finden wir übrigens auch im Epheserbrief, wo im 1. und 3. Kapitel mit fast identischen Worten beschrieben wird, wie Paulus und seine Mitarbeiter ununterbrochen im Gebet für die Christen in Ephesus rangen, damit sie die ganze Wahrheit sehen.

Das dahinter stehende göttliche Prinzip ist offenbar folgendes: Haben die wiedergeborenen und geisterfüllten Christen erst einmal die Wahrheit Gottes in ihrer umfassenden Breite und Schönheit und mit ihr verbunden die Gnade Gottes innerlich erfaßt, dann sind sie dem gleichsam ausgeliefert. Dann können sie nicht anders, als gemäß dieser Erkenntnis zu leben, ihre Berufung auf dieser Erde zu sehen, die Erbschaft anzutreten und Menschen des Glaubens zu werden (Das ist die Reihenfolge in Epheser 1,15-23).

In meinem eigenen pastoralen Dienst nehme ich mehr und mehr wahr, daß meine Fürbitte für die eigene Gemeinde und andere Gemeinden, die helfen soll, die Augen für die Wahrheit Gottes zu öffnen, mein entscheidender Auftrag ist. Wenn wir diesen Dienst versehen, wird es serienweise überall diese geistlichen Erkenntnis-Urerfahrungen geben, durch die die

Christen verwandelt werden, weil ihr Denken erneuert wird, so daß sie dann kristallklar Gottes Charakter, seine Vorkehrungen, seine Absichten und seine schon gegebenen Hilfen erkennen. Wer wirklich erkannt hat, wie gut, vollkommen und wohlgefällig Gottes Wille ist und wie präzise alle im unsichtbaren Raum vorliegenden göttlichen Hilfen und Fakten sind, der kann nicht mehr in alten Bahnen und Kategorien denken und dahinvegetieren.

Dies alles klingt recht dramatisch und erscheint in den Augen manch eines Lesers doch ein wenig überhöht oder überspitzt. Wir können den Vorwurf der unerlaubten Überdramatisierung eines einzelnen biblischen Gedankens daran prüfen, ob dieser auch an anderen Stellen der Schrift einen angemessenen Platz hat. Deswegen also die Frage: Ist diese geistliche Urerfahrung mit all ihren fantastischen nachfolgenden Entwicklungen und Segensauswirkungen auch sonst noch in der Schrift als vorrangige Wahrheit und Erfahrung nachzuweisen?

Auf diese Frage will ich mit einem eindeutigen Ja antworten. Meine These lautet: Mehr als 50 % der gesamten Lehrtätigkeit Jesu ist gemäß der Berichterstattung der Evangelien diesem Sachverhalt reserviert.

Vergegenwärtigen wir uns noch einmal an Hand von Kolosser 1, was die Hauptbestandteile dieser Grunderfahrung waren. Unter fortwährendem Gebet und Belehrung kamen die wiedergeborenen Christen aus Kolossä an einem bestimmten Tag zu dem Ergebnis, daß im Wort Gottes alle Wahrheit und alle Gnade enthalten ist. Nachdem sie das wahrgenommen hatten, fing das Wort an, in ihnen und unter ihnen zu *wachsen* und *Frucht* zu bringen.

Wir haben nun nachzufragen, wo im Worte Gottes beschrieben wird, wann das Wort anfing zu wachsen und Frucht zu bringen und welches dazu die Rahmenbedingungen sind. Wenn wir diese Frage so formulieren, werden wir sofort fündig werden:

Markus 4,26-29
26 Und er sprach: Das Reich Gottes ist so, wie wenn ein Mensch Samen aufs Land wirft
27 und schläft und steht auf Nacht und Tag; und der Same geht auf und wächst, ohne daß er's weiß.
28 Denn die Erde bringt von selbst Frucht , zuerst den Halm, danach die Ähre.
29 Wenn sie aber die Frucht gebracht hat, so schickt er alsbald die Sichel hin; denn die Ernte ist da.

Dieses Gleichnis ist eins der vielen Reich Gottes Gleichnisse, die illustrieren sollen, was das Reich Gottes ist, wie es wirkt und welches seine Ziele und Voraussetzungen sind. Bei diesem hier zitierten Gleichnis handelt es sich um eine grundsätzliche Darstellung des Reiches Gottes: Das Reich Gottes breitet sich immer dann aus, wenn der Same des Wortes Gottes (Markus 4,14) in ein aufnahmebereites Herz fällt und dort zu wachsen anfängt, bis die volle Frucht vorliegt. Soweit die Essenz dieses kleinen Gleichnisses.

Wenn wir aber nun diesen Inhalt verbinden mit dem, was die Kolosser als geistliche Grunderfahrung und Voraussetzung zum Wachstum und Fruchtbringen erlebt haben, dann bekommt dieses Gleichnis unvermittelt eine neue und umfassende Bedeutung. Kolosser 1 sagt uns, unter welchen Voraussetzungen das Wort anfängt zu wachsen und Frucht zu bringen, nämlich mit der Entdeckung, daß es das Wort der Wahrheit ist und daß in der Wahrheit die Gnade enthalten ist. Markus 4,26-29 definiert nun dieses Wachstum des Wortes in uns, das zur vollen Frucht führt, als Reich Gottes.

Demnach ist Reich Gottes die Entdeckung und Erfahrung von Gottes umfassender Wahrheit und seiner Gnade in dem Wort Gottes, welches wir im Herzen aufgenommen haben und das unter dieser Voraussetzung anfängt zu wachsen und Frucht zu bringen. Dementsprechend endete auch der Abschnitt in Kolosser 1 mit der Erklärung, daß wir in das Reich seines lieben Sohnes versetzt sind. Jetzt können wir auch verstehen, weswegen Jesus das Thema des Reiches Gottes als sein großes Thema erwählt hat, das tatsächlich mehr als die Hälfte aller seiner Ausführungen bestimmte. Die allermeisten Gleichnisse und viele zusätzliche Gedanken und Erläuterungen des Herrn betreffen nämlich das Wesen und die Auswirkung des Reiches Gottes.

Wenn wir nun die zunächst etwas übersteigert anmutende Darstellung des Apostel Paulus im Fall der Kolosser verbinden mit der erstaunlichen Betonung, die das Reich Gottes in der Lehre Jesu erfahren hat, dann wird es verstehbar, weswegen Paulus an dieser Stelle solch starke Akzente gesetzt hat und andersherum wird die Bedeutung des Reiches Gottes bei Jesus anhand der überragenden Ergebnisse erklärlich, wie sie beispielsweise die Christen aus Kolossä gemacht haben. Obendrein wird nun auch verstehbar, weswegen die großen Mustergebete des Apostel Paulus, die ja alle unter göttlicher Inspiration erfolgten und in ihrer Betonung insofern authentisch sind, sich gerade auf das Moment der Wahrheit erstreckten.

Reich Gottes etabliert sich überall dort in den Herzen von Gläubigen, wo diese zutiefst von der Konkretheit und Realität der göttlichen Wahrheiten überzeugt sind und diese als Gnade empfangen haben. Im exakten Wissen um die präzisen Bestandteile göttlicher Erlösung, die historisch gesichert sind und im unsichtbaren Raum vorliegen, liegt eine ungeheuere Kraft. Diese Kraft ist noch grundsätzlicher als die des Glaubens, weil der Glaube die Erkenntnis der Wahrheit zur Voraussetzung hat. Die Kräfte und das Wesen des Reiches Gottes werden erst dann freigesetzt werden, wenn wir unsererseits Menschen der Wahrheit werden, die sich mit ganzer Lauterkeit und Ausschließlichkeit allein von dem bestimmen lassen, was das Wort Gottes in einem gegebenen Fall und auch grundsätzlich als Wahrheit erklärt und uns mit Gnade verbunden anbietet. Es bedarf eines besonderen Lebensstils, um der außergewöhnlichen Auswirkungen des Reiches Gottes teilhaftig zu werden. Der Kolosserbrief bringt schon erste entscheidende Hinweise auf die Lebensweise, die nur von Gottes Wahrheit und Gnade ausgeht. In den Gleichnissen Jesu wird nun dieser Lebensstil in allen Einzelheiten entfaltet. Wir wollen genau darauf achthaben, damit wir auch die ganze Frucht einbringen können.

5. Kapitel

Wesen und Wirkung des Reiches Gottes

Der Hauptinhalt der Verkündigung Jesu war das Reich Gottes. Die allermeisten Gleichnisse handeln davon, indem Jesus in Gleichnisform das Reich Gottes beschreibt. Wir verdanken, wie wir gesehen haben, die Definition des Reiches Gottes einem Gleichnis, dem aus Markus 4,26-29. Diese Definition ist sehr prägnant und eindeutig.

In früheren Jahren hat mich der Begriff des Reiches Gottes nie wesentlich interessiert. Alles, was ich in der christlichen Literatur darüber gelesen hatte, erschien mir schwammig und vieldeutig. Manche Autoren sahen im Reich Gottes die unsichtbaren Strukturen von Gottes Macht und Wirken. Andere die unsichtbare Gemeinde, andere die Herrlichkeit Gottes in ihrer verborgenen Form auf Erden. Manche Theologen sprachen schlicht von der Herrschaft Gottes, die in der Gestalt Jesu unter uns ist oder sahen im Reich Gottes ein Synonym für die weltweite Gemeinde Gottes. So gab es viele unterschiedliche Verständnisse, die bei mir den Eindruck erweckten, daß der Begriff Reich wahllos und beliebig mit irgendwelchen anderen Kernbegriffen des Neuen Testamentes zu füllen ist.

Das änderte sich schlagartig, als ich erkannte, daß Kolosser 1 und Markus 4 uns eine sehr präzise Definition vom Reiche Gottes geben. Ich habe nun nichts Verschwommenes mehr vor Augen, wenn ich an das Reich Gottes denke. Ich sehe die Summe aller göttlichen Erlösungsangebote vor Augen, die im unsichtbaren Raum vorliegen und die durch die Gnade Gottes als Geschenk verfügbar sind. Das schafft in mir eine große Gewißheit und Überzeugung, daß ich nun durch Glauben Zugang zu diesen Erlösungsfakten habe.

Es nimmt nicht Wunder, daß Jesus diese Lehre so herausgestellt hat. Im folgenden will ich einige markante Erwähnungen des Reiches Gottes im Neuen Testament aufführen. Aus ihnen wird deutlich werden, daß wir gut daran tun, uns mehr mit dem

Reich Gottes zu beschäftigen, um es in seiner ganzen Kraft zu erleben:

Matthäus 4,23
Und Jesus ging umher im ganzen galiläischen Lande, lehrte in ihren Synagogen und predigte das Evangelium von dem Reich und heilte alle Krankheit und alle Gebrechen im Volk.

Jesus lehrte und predigte, wohin er kam. Aber das Wort sagt, daß er das Evangelium vom Reich predigte und daß er im Kontext zu dieser Art von spezifischer Verkündigung dann alle Gebrechen und Krankheiten im Volk heilte.

Matthäus 9,35
Und Jesus ging umher in alle Städte und Dörfer, lehrte in ihren Synagogen und predigte das Evangelium von dem Reich und heilte alle Krankheiten und alle Gebrechen.

Hier ist dasselbe Bild: Jesus ging in allen Städten und Dörfern umher und lehrte dort. Der Inhalt seiner Verkündigung war ebenfalls das Reich Gottes.

Lukas 8,1
Und es begab sich danach, daß er reiste durch Städte und Dörfer und predigte und verkündigte das Evangelium vom Reich Gottes; und die Zwölf waren mit ihm.

Lukas 9,11b
Und er ließ sie zu sich und sagte ihnen vom Reich Gottes und machte gesund, die es bedurften.

Wir sehen einen interessanten Zusammenhang: Jesus lehrte und er verkündigte das Reich Gottes und bewies gleichzeitig die Kraft des Reiches Gottes dadurch, daß er alle Kranken heilte und die dämonisch Besetzten freisetzte. Mit ihm selbst, der die Wahrheit in Person ist, war das Reich Gottes gekommen. Es war aber nicht an seine physische Gestalt gebunden:

Lukas 9,1-2
1 Er rief aber die Zwölf zusammen und gab ihnen Gewalt und Vollmacht über alle bösen Geister und daß sie Krankheiten heilen konnten,

2 und sandte sie aus, zu predigen das Reich Gottes und zu heilen.

Jesus sandte die Zwölf aus, damit sie das Reich Gottes predigen und heilen, nachdem er ihnen zuvor Gewalt und Vollmacht über alle bösen Geister gegeben hatte und die Fähigkeit, Kranke zu heilen. Hier wird also eine umgekehrte Reihenfolge beschrieben: zuerst die Demonstration der Kraft des Reiches Gottes und dann die Lehre darüber.

Matthäus 24,14
Und es wird gepredigt werden dies Evangelium vom Reich in der ganzen Welt zum Zeugnis für alle Völker, und dann wird das Ende kommen.

Dieses Wort erscheint mir besonders wichtig, weil es uns auffordert und gleichzeitig auch verheißt, daß das Evangelium vom Reich Gottes, nicht nur das Evangelium schlechthin, in der ganzen Welt gepredigt werden wird. Wenn das geschieht, wird das Ende kommen. Es gibt keinen Grund, von einem wörtlichen Verständnis dieses Wortes unseres Herrn abzusehen. Ich gehe davon aus, daß wir eine Renaissance der Botschaft vom Reich Gottes erfahren werden. Das wird nicht eine kleine und unauffällige Akzentveränderung sein, sondern deutlich herausstellen, daß die umfassende Hilfe Gottes über alle Belange der Menschen bereits da ist. Die das mit Kühnheit verkündigen, weil sie zutiefst davon überzeugt sind, werden gewaltige Resultate dieser Betonung sehen.

Als Jesus auferstanden war und seine Jünger auf seine Himmelfahrt vorbereitete und ihnen gleichzeitig ihren Auftrag verdeutlichte, sprach er abermals vom Reich Gottes:

Apostelgeschichte 1,3
Ihnen hat er sich auch als der Lebendige erzeigt nach seinem Leiden in mancherlei Erweisungen und ließ sich sehen unter ihnen vierzig Tage lang und redete mit ihnen vom Reich Gottes.

Es ist bezeichnend, daß dieser Vers in seiner kondensierten Beschreibung des Redens und des Wirkens Jesu nach der

Auferstehung ausgerechnet das Reich Gottes als das hauptsächliche Gesprächsthema Jesu herausstellt.

Auch als später der Heilige Geist durch die Apostel und Jünger die großen Taten Gottes vollzog, war das Thema des Reiches Gottes nicht erloschen. Selbst ein Evangelist, der obendrein nach dem Schriftzeugnis nicht zu tiefe Einblicke in die Theologie hatte, wußte diese Betonung richtig zu setzen:

> **Apostelgeschichte 8,12**
> **Da sie aber glaubten den Predigten des Philippus von dem Reich Gottes und von dem Namen Jesu Christi, ließen sich taufen Männer und Frauen.**

Die Predigt des Philippus enthielt nicht nur den Aufruf, den Namen Jesu anzurufen, das heißt also glaubend zu beanspruchen, sondern davor verkündigte er das Reich Gottes, das ja die Darstellung aller Erlösungstatsachen enthält, die uns als Gnade zur Verfügung stehen. Wir finden hier eine interessante Reihenfolge: zuerst wird den Hörern auf Erkenntnisweg die Summe aller Heilstatsachen und Heilsangebote vorgestellt, damit sie diese dann anschließend im Glauben empfangen, indem sie den Namen Jesu anrufen.

Die Merkmale des Reiches Gottes

Indem wir der Beschreibung des Reiches Gottes, wie sie uns das Wort Gottes gibt, genau folgen, bekommen wir ein ziemlich gewisses Verständnis von dem, was Reich Gottes inhaltlich eigentlich ist.

> **Lukas 17,20-21**
> **20 Da er aber gefragt ward von den Pharisäern: Wann kommt das Reich Gottes? antwortete er ihnen und sprach: Das Reich Gottes kommt nicht so, daß man's mit Augen sehen kann;**
> **21 man wird auch nicht sagen: Siehe, hier! oder: da! Denn siehe, das Reich Gottes ist mitten unter euch.**

Aus dieser Kennzeichnung des Reiches Gottes wird deutlich, daß es sich nicht um ein äußeres, sichtbares oder in der dinglichen Welt lokalisierbares System handelt. Das Reich Gottes ist nicht sichtbar, sondern in uns (so eine andere Übersetzung von Vers 22).

Es kann somit nur ein geistliches Reich sein, das aus den unsichtbaren Fakten und Kräften Gottes besteht, aber in das Sichtbare hineinwirkt.

Diese Definition stimmt erkennbar nicht überein mit dem Verständnis vom Reich Gottes, wie es fast durchgehend in der christlichen Literatur vorliegt. Es wird dort und auch im Sprachgebrauch der meisten Christen als ein Synonym für den Leib Jesu oder auch für die Gesamtheit der Gemeinde verstanden, der man vielleicht nicht eine bestimmte äußere Gestalt zuordnet aber doch als eine Gesamtkonfiguration der Heiligen, ihrer Interessen und Ziele darstellt. Aber diese Sicht trifft nicht zu! Das Reich Gottes ist die Welt von empfangener Wahrheit und Gnade in unserem Herzen und Verstehen, nachdem wir das Wort Gottes empfangen haben.

Das wird auch deutlich aus den bekannten Worten Jesu im Gespräch mit Nikodemus, in dem er das Wesen der Wiedergeburt beschreibt:

> **Johannes 3,5**
> **Jesus antwortete: Wahrlich, wahrlich, ich sage dir: Es sei denn, daß jemand von neuem geboren werde, so kann er das Reich Gottes nicht sehen.**

Es ist offensichtlich, daß das Reich Gottes nicht identisch ist mit der Wiedergeburt. Vielmehr ist diese die Voraussetzung dazu, daß man über sie in das Reich Gottes gelangt.

Wie sehr das Reich Gottes als ein unsichtbares Reich, das in uns und auch um uns wirkt, völlig frei ist von allem Menschlichen, Diesseitigen und Fleischlichen, vermittelt und das folgende Wort:

> **Matthäus 5,3**
> **Selig, sind die da geistlich arm sind, denn das Himmelreich ist ihrer.**

Die Voraussetzung für die bleibende Innenerfahrung des Himmelreiches in uns ist die, daß wir geistlich arm sind und bleiben. Darunter verstehe ich, daß wir uns nicht verlassen auf unsere eigenen moralischen, sittlichen und geistlichen Kräfte, die aus unserer natürlichen Erstausstattung resultieren. Das alles ist Fleisch und hat mit dem Reich Gottes nichts zu tun. Damit können wir Gott nicht gefallen, das ist Feindschaft gegen Gott, Ungehorsam und damit identisch mit dem geistlichen Tod (Römer 8,6-8).

Nein, das Reich Gottes offenbart sich nur dann in uns und durch uns, wenn wir uns freihalten von allen religiösen Impulsen, die aus unserer eigenen fleischlichen Mitte kommen und uns nicht selbst rühmen als Personen, die gegen Gott bestehen könnten. Wir müssen wissen, daß wir geistlich arm sind und dies auch nicht mit eigenen Maßnahmen beheben wollen und können. Das sind die Menschen, die empfangsfähig werden für das gewaltige Angebot von Gottes Schätzen und die dann auch imstande sind, diese Schätze als Geschenk entgegenzunehmen. Das unterstreicht die bekannte Textstelle aus:

> **Römer 14,17**
> **Denn das Reich Gottes ist nicht Essen und Trinken, sondern Gerechtigkeit und Friede und Freude in dem heiligen Geist.**

Wahr im biblischen Verständnis ist alles, was seinen Ursprung in Gott hat und nur in ihm allein. Wenn wir Gottes Wahrheit, das heißt seine Angebote an Beglückung, Zuwendung, Geschenken und Segnungen annehmen, dann empfangen wir die inhaltliche Füllung des Reiches Gottes, nämlich seine Gerechtigkeit und damit zusammenhängend seinen Frieden und die Freude, die uns durch den Heiligen Geist ständig vermittelt werden.

Zu den anderen Qualitäten, die für das Reich Gottes typisch sind, weil sie auch im Wesen des Gebers, Gottes, enthalten sind, gehört die Kraft:

> **1. Korinther 4,20**
> **Das Reich Gottes besteht nicht in Worten, sondern in Kraft.**

Die Kraftnatur des Reiches Gottes ist an den Auswirkungen der Kraft in der diesseitigen Welt erkennbar. Wo jemand an das Reich Gottes glaubt, also uneingeschränkt die göttlichen Tatsachen der bereitstehenden Erlösung als kostenloses Angebot (Gnade) anerkennt, dort wird Gottes übernatürliche Kraft wirksam. Dies offenbart sich in vielfältiger Hinsicht, aber am deutlichsten in der Zerstörung des Reiches der Finsternis:

> **Lukas 11,20**
> **Wenn ich aber durch Gottes Finger die bösen Geister austreibe, so ist das Reich Gottes zu euch gekommen (siehe die identische Schriftstelle in Matthäus 12,28).**

Der Herr will damit sagen, daß er durch den Heiligen Geist die dämonischen Kräfte austreibt und damit beweisend verdeutlicht, daß das Reich Gottes gekommen ist. Das Reich Gottes beweist sich also in Kraftwirkungen an der dämonischen Welt, die vor der Überlegenheit Gottes kapitulieren muß. Überall, wo das Reich Gottes ungebremst wirksam ist, werden sich demnach dieselben Resultate einstellen. So können auch wir erwarten, daß ein genaues Erfassen und Erfahren des Reiches Gottes in uns dazu führen wird, daß regelmäßig dämonische Mächte weichen müssen, wenn wir erscheinen. Das Reich Gottes ist kein ideelles Reich, das irgendwelche unsichtbaren Strukturen lediglich beschreibt. Das Reich Gottes ist Präsenz von göttlicher Wahrheit und Gnade in der Gestalt Jesu, die unter bestimmten Umständen zu uns kommt und durch uns wirkt. Ist Reich Gottes vorhanden, dann wird es sichtbar!

Exakte Bedingungen, unter denen das Reich Gottes sich in uns etabliert.

Es mag während der vorstehenden Aufzählung von typischen Merkmalen des Reiches Gottes für einen Augenblick so geschienen haben, als ob das Reich Gottes doch nur ein anderes Wort für die uns geläufigen Begriffe wie Gehorsam, Glauben und Leben in der Kraft Gottes sei. Der Eindruck täuscht. Reich Gottes ist jener einzigartige Zustand des ständigen Lebens in der Wirklichkeit der unsichtbaren aber total realen Erlösungsfakten Gottes.

Daß damit ein ganz bestimmter Lebensstil beschrieben wird, der weit über das hinausgeht, was wir sonst an Frömmigkeit unter uns verkündigen, pflegen oder tolerieren, das wird an den umfangreichen Ausführungen Jesu deutlich, mit denen er uns klarmachen will, wie das Reich Gottes unter uns wirksam werden kann. Das wird dem Herrn außerordentlich wichtig gewesen sein, denn er hat uns eine ganze Anzahl von weiteren Gleichnissen hinterlassen, die exakt beschreiben, unter welchen Bedingungen das Reich Gottes unter uns wirksam wird und wie seine Wirkungen im Einzelnen aussehen.

Das bekannteste Gleichnis über Wachstum und Ausbreitung des Reiches Gottes ist das des vierfachen Ackerfeldes. Es erklärt uns, unter welchen Voraussetzungen des Herzens das Reich Gottes in uns wächst. Dieses Gleichnis hatte ich bereits in mehreren Büchern, die früher erschienen sind in Einzelheiten besprochen, weswegen ich hier nicht mehr darauf eingehen möchte. Aber wir wollen immerhin festhalten, daß der Herr uns eine reichhaltige Frucht (wieder Frucht!) zukommen lassen will, die bis zum Hundertfachen des Saateinsatzes reicht.

Eine interessante Aussage, die Jesus über den dritten Acker macht, wollen wir uns nicht entgehen lassen: Wenn in unserem Herzen neben dem Wort Gottes die Überzeugung vom Reichtum, die Haltung des für sich selbst Sorgens und die Lust und Freude an den Dingen dieser Welt vorliegt, dann wird wohl die Pflanze des Glaubens wachsen, aber es wird nicht die typische Frucht des Reiches Gottes daraus resultieren. Mit anderen Worten, wenn wir uns geistlich autark machen, indem wir von unserem Reichtum an Fähigkeiten, moralischer Kraft, Willensstärke, sittlichem Verhalten, Bildung, Herkunft und Beziehungen überzeugt sind, dann kommt es zu keiner Fruchtausbildung in uns. Wir werden dann Wahrheit und Gnade nicht als überragende Wirkkräfte erleben.

Dasselbe gilt für den Fall, daß wir überzeugt sind, für uns selbst sorgen zu können. Die Folge dieser praktischen Unabhängigkeit, die sich auf die eigene Leistungsfähigkeit beruft, wird die sein, daß wir Sorgen haben werden und obendrein die Freude des Reiches Gottes nicht erleben werden. Gott beschenkt niemanden, der von seiner eigenen Fähigkeit überzeugt ist.

Die dritte Qualität, die die vollständige Erfahrung des Reiches Gottes ausschließt, liegt in der Grundsatzentscheidung, selbst zu bestimmen, was uns Lust und Freude geben soll. Indem wir unser eigenes Lustraster entwickeln und uns selbst unsere Freuden holen, wie und wann wir wollen, erleben wir, daß die typischen Erträge des Reiches Gottes, seine Freude, seine Freiheit und alle anderen Auswirkungen von Wahrheit und Gnade uns nicht zur Verfügung stehen werden.

Wir sehen schon in diesem Gleichnis den Ausschließlichkeitsanspruch, den Jesus erhebt, indem wir alle unsere Kräfte, Freude und Bestätigungen von ihm erwarten und holen. Das ist der Tenor, den wir auch in den anderen Gleichnissen erkennen werden, die alle in demselben 13. Kapitel des Matthäusevangeliums vorliegen.

Das Gleichnis vom Senfkorn (Matthäus 13,31-32)

In diesem Gleichnis beschreibt Jesus die ungeheuere Kraft des Wortes Gottes, das als Samen in unser Herz wirkt. Wenn es dort wächst, was definitionsgemäß bedeutet, daß wir dann die umfassende Einsicht über Gottes Erlösungs-, Hilfs- und Befreiungsprogramm empfangen haben, dann entwickelt sich das Reich Gottes zu einer Dimension, die alles überragt, was es sonst an geistigen und geistlichen Angeboten gibt. Es gleicht einem Senfkornbaum, der eigentlich ein Strauch ist, unter dessen Krone die Vögel des Himmels Zuflucht nehmen.

Das Bild enthält auch die Aussage, indem es das Himmelreich mit einem winzigen Senfkorn vergleicht, daß es ohne die Wachstumserfahrung in unserem Herzen sehr unscheinbar ist. Das entspricht genau der Erfahrung, die wir in Vergangenheit und Gegenwart machten. Die biblischen Prinzipien als philosophisches Angebot bewirken wenig und haben kaum jemals eine gesellschaftsverändernde Kraft bewiesen. Aber das Wort Gottes in unserem Herzen (die Symbolik ist vom Herrn festgelegt worden: der Boden ist das Herz und das Wort der Samen) bewirkt ein gewaltiges Wachstum.

In diesem Gleichnis wird eigentlich nur herausgestellt, welches ungeheuere Wachstumspotential dem Reich Gottes innewohnt, wenn das Wort Gottes erst einmal in ein Herz aufgenommen worden ist. Siehe auch die Parallele zu den gewaltigen Wachstums-Auswirkungen des Wortes Gottes bei den Kolossern, nachdem sie im Wort die Wahrheit und in der Wahrheit die Gnade entdeckt haben. Damals ging es von ihnen durch die ganze (kleinasiatische) Welt. Wenn wir dem Wort Gottes, das Kostbarste, was wir haben, unser Herz, nicht zur Verfügung stellen, geschieht nichts. Auf gedanklicher und ideologischer Ebene kann das Reich Gottes kaum imponieren. Dazu drängen sich die anderen weltlichen Angebote in ihrem Verlangen nach bombastischer und beeindruckender Präsentation zu stark in den Vordergrund.

Das Gleichnis vom Sauerteig

> **Matthäus 13,33**
> **Ein anderes Gleichnis redete er zu ihnen: Das Himmelreich ist einem Sauerteig gleich, den ein Weib nahm und vermengte ihn unter drei Scheffel Mehl, bis daß es ganz durchsäuert ward.**

Das ist ein interessantes Gleichnis, auf dessen Aussage und Nutzanwendung man erst durch göttliche Offenbarung kommt. Das Himmelreich wird verglichen mit einem Sauerteig (die einzige Stelle im Neuen Testament, wo Sauerteig eine positive Bewertung hat), den eine Frau nimmt, um ihn mit ungefähr vierzig Liter Mehl zu vermengen. Das tat sie, bis alles durchsäuert war.

Was ist die Bedeutung dieses Gleichnisses im Hinblick auf das Reich Gottes? Die Angabe des Raummaßes von vierzig Liter Mehl ist in diesem Zusammenhang recht aufschlußreich. Das ist nämlich eine beträchtliche Menge von Mehl, die eine Frau zu größter Anstrengung herausfordert, bis sie diese Menge von Mehl total mit dem zugegebenen Sauerteig vermengt hat. Wenn diese vollständige Vermengung erfolgt ist, dann tut der Sauerteig den Rest, indem er den benachbarten Mehlanteil zu Sauerteig verwandelt. Das ist ja das Wesen des Sauerteiges, daß er seine Mehlumgebung zu dem macht, was er selbst ist, Sauerteig.

Die Aussage des Gleichnisses ist nun klar: Der Herr fordert uns auf, daß wir unser gesamtes Lebens- und Gedankenmaterial mit allen Einsichten, Konzepten und Werten vergleichen und verbinden mit dem, was das Wort Gottes uns an Prinzipien von Wahrheit und Gnade lehrt. Indem wir das bewerkstelligen, werden alle einzelnen vorbefindlichen Lebenspositionen und Überzeugungen in Kontakt mit der Wahrheit und Gnade gebracht und dadurch umgedreht.

Dieser Vorgang kostet Zeit. Immerhin mußte die Frau so lange diesen Teig kneten und bearbeiten, *bis* alles zu Sauerteig geworden war.

Wenn wir in den vollen Genuß des Reiches Gottes kommen wollen, indem wir sehen, wie Gottes Wahrheit und seine Gnade unser Leben radikal verändern, dann müssen wir uns unsererseits der Mühe unterziehen, alle unsere Denkinhalte und Vorstellungen abzugleichen, zu verbinden und bei Bedarf zu verändern mit und durch das, was das Wort Gottes uns an ewigen und feststehenden Wahrheiten mitteilt.

Hier wird tatsächlich eine gewisse Arbeit (!) von uns erwartet. Wir müssen Inventur machen und genau sehen, was der Altbestand unserer Überzeugungen, Gedanken und Lebensprinzipien ist, um bis zu den letzten Feinheiten unser gesamtes Denken zu erneuern mit dem, was Gottes Gedanken an Wahrheit beinhalten.

Diese Aufgabe vollziehen beklagenswert wenige Christen! Sie lassen unverbunden viele alte Überzeugungen und Lebenserfahrungen neben neuen Gedanken von biblischen Einsichten bestehen und nehmen es deswegen hin, daß die Dornen, von denen Jesus im dritten Acker seines Gleichnisses gesprochen hat, ihr Leben bestimmen. Wenn wir Altes neben dem Neuen bestehen lassen, gibt es keine Frucht!

Gleichnis vom Schatz im Acker

> **Matthäus 13,44**
> **Das Himmelreich ist gleich einem verborgenen Schatz im Acker, welchen ein Mensch fand und verbarg ihn; und in seiner Freude darüber geht er hin und verkauft alles, was er hat, und kauft den Acker.**

In diesem Gleichnis wird das Himmelreich verglichen mit einem verborgenen Schatz im Acker (im Unterschied zu dem ähnlich strukturierten Gleichnis über die Perle im Acker, wo das Himmelreich nicht dem Schatz entspricht sondern dem Kaufmann, der den Schatz sucht). Dieser Mensch fand diesen Schatz und war voller Freude, was uns sagt, daß er genau wußte, wie kostbar dieser Schatz war.

Das Gleichnis enthält nun die interessante Konstruktion, daß dieser Mann den Schatz in einem Acker fand und deswegen alles, was er selbst besaß verkaufte, um den Schatz samt dem Acker zu kaufen.

Die Aussage ist, wenn man die Bildsprache gemäß der Deutung Jesu in Klartext umsetzt, folgende: Nur derjenige wird wirklich das Reich Gottes erfahren, der weiß, wie kostbar es ist. Andere werden sich kaum zu irgendwelchen Transaktionen verlocken lassen. Die Hauptaussage besteht darin, daß wir alles, was wir haben, drangeben müssen, (nicht verdienen!) um den neuen Schatz zu empfangen. Wir müssen das Alte hergeben und austauschen gegen den Schatz, den wir aber nur mit dem Acker zusammen bekommen! Damit will der Herr wohl ausdrücken, daß dieser Schatz nur dann von Bedeutung ist, wenn er in unserem Herzen vorliegt und dort seine typische Wirksamkeit entfalten kann (denn der Acker ist ja das Herz).

Es wird uns also hier ein radikaler Umgang mit dem Schatz des Reiches Gottes anempfohlen, bei dem es nur ein Entweder-Oder gibt. Das Allergrößte, was uns widerfahren kann ist, daß wir das Reich Gottes als ein Reich von Wahrheit und Gnade voll erkennen und erfahren. Das ist auch in den Augen Gottes das Schönste:

> **3. Johannes 4**
> **Ich habe keine größere Freude als die, daß ich höre, wie meine Kinder in der *Wahrheit* wandeln.**

Das Gleichnis von der kostbaren Perle

> **Matthäus 13,45-46**
> **45 Abermals ist das Himmelreich gleich einem Kaufmann, der gute Perlen suchte,**
> **46 und da er eine köstliche Perle fand, ging er hin und verkaufte alles, was er hatte, und kaufte sie.**

In diesem Fall wird das Himmelreich also nicht mit dem Schatz, der guten Perle, verglichen, sondern mit dem Kaufmann selbst, der gute Perlen sucht. Das sagt uns, daß das Himmelreich nicht ein Sachverhalt ist, sondern ein sehr personengebundenes Geschehen darstellt. In diesem Fall hat der Kaufmann seinen Schatz nicht mehr oder weniger zufällig gefunden, sondern ausdrücklich gute Perlen gesucht, was ein Bild für Kostbares, Beständiges und Schönes ist. Schließlich findet er die köstliche Perle. Aber auch er kommt erst dann in ihren Besitz, nachdem er alles andere, was er hatte, verkaufte, um die Perle zu erstehen.

Ohne Bild bedeutet das, daß derjenige, der das Himmelreich sucht, es auch finden wird. Aber auch in diesem Fall wird der Mensch, der es gefunden hat, es nur dann erfahren können, wenn er alles Alte im Austausch dafür drangegeben hat. Der Aspekt der völligen Veränderung der Person — unser großes

Thema in diesem Buch — tritt uns immer wieder entgegen. Jesus erwartet, daß wir nicht nur Worte in der Heiligen Schrift lesen, sondern daß wir hinter den Worten die umwälzenden neuen Prinzipien seines Reiches von Wahrheit und Gnade entdecken und dafür alles andere aufgeben, was uns bislang kostbar und wichtig war. Das ist die große Botschaft, wenn es um das Reich Gottes geht.

Wenn wir um des Reiches Gottes, sprich, um Gottes Gnade und Wahrheit willen, alle anderen gewachsenen Überzeugungen und Einstellungen, auch die religiösen, aufgeben, dann ist uns damit nicht nur ein großer Schatz zuteil geworden, dann werden wir auch in jeder Hinsicht gesegnet werden. Wenn wir den Willen Gottes genau kennen, können wir bitten, was wir wollen, und es wird uns zuteil werden. Wir werden viel Frucht haben, die sich zunächst einmal in unserer Persönlichkeit und unserem Charakter äußert, aber diese Frucht des Geistes hat sehr praktische Auswirkungen:

> **Johannes 15,16**
> **Ihr habt mich nicht erwählt, sondern ich habe euch erwählt und gesetzt, daß ihr hingehet und Frucht bringet und eure Frucht bleibe, damit, wenn ihr den Vater bittet in meinem Namen, er's euch gebe.**

Die positiven Auswirkungen, die beim Wandel in der Wahrheit und in der Gnade die selbstverständlichen Folgen sind, fehlen im nächsten Gleichnis.

Das Gleichnis vom Fischnetz

> **Matthäus 13,47-52**
> **47 Abermals ist das Himmelreich gleich einem Netze, das ins Meer geworfen ward und allerlei Gattung fing.**
> **48 Als es aber voll war, zogen sie es heraus ans Ufer, saßen und lasen die guten in Gefäße zusammen aber die unnützen warfen sie weg.**
> **49 Also wird es auch am Ende der Welt gehen: die Engel werden ausgehen und die Bösen von den Gerechten scheiden**
> **50 und werden sie in den Feuerofen werfen; da wird Heulen und Zähneklappen sein.**

51 Habt ihr das alles verstanden? Sie sprachen: Ja.
52 Da sprach er: Darum, ein jeglicher Schriftgelehrter, der ein Jünger des Himmelreichs geworden ist, gleicht einem Hausvater, der aus seinem Schatz Neues und Altes hervorholt.

In diesem Gleichnis wird, ähnlich wie beim Gleichnis vom Senfkorn, die außerordentlich anziehende Wirkung des Reiches Gottes dargestellt. Wo die Gläubigen gänzlich der Wahrheit und der Gnade Gottes verhaftet sind, gibt es so großartige Auswirkungen, daß im Rahmen dieser Sogwirkung der Kräfte, Zeichen und Wunder des Reiches Gottes viele Menschen im Netz des Evangeliums landen, die recht oberflächliche oder zweifelhafte Motive haben. Im Netz sind gerechte und böse, gute und untaugliche Christen, die alle vom Licht des Evangeliums angezogen waren, aber nicht eine innere Verwandlung im Sinne der Zugehörigkeit zum Reiche Gottes erfahren haben. Das sind zum Teil Menschen ohne Wahrheit und Wahrhaftigkeit, die sich religiös in den neuen Begriffen und Angeboten des Reiches Gottes profilieren wollen und nichts davon verstanden haben, daß sie nur aus Gnade leben sollen.

Die Scheingläubigen werden, so führt Jesus weiter aus, am Ende der Welt von den Engeln ausgesondert werden. Dann fragt der Herr so bezeichnend: "Habt ihr das alles verstanden?" Sie bejahten geflissentlich, offenbar ohne es wirklich verstanden zu haben.

Deswegen fügt der Herr ein weiteres kleines Gleichnis hinzu, das erneut den Aspekt der radikalen Hingabe an Wahrheit und Gnade mit den sich daraus ergebenden Konsequenzen zum Inhalt hat: Der Schriftgelehrte, der nach der Lutherübersetzung ein Jünger des Himmelreiches geworden ist, ist nach dem genauen griechischen Wortlaut eigentlich nur ein Schriftgelehrter, der unterrichtet ist. Er hat also ein gewisses Maß an Lehre erfahren aber doch nicht die alte gesetzliche Art des typischen Schriftgelehrten aufgegeben. Für ihn gilt es, daß er in seinem Schatz, das meint, in seinem Herzen, Neues und Altes gemeinsam und nebeneinander zu liegen hat und je nach Bedarf einmal das eine und einmal das andere herausholt.

Hier bricht die Beschreibung des Gleichnisses ab, weil der Herr alles andere darüber schon gesagt hat. Wir finden es erneut in der Beschreibung des dritten Ackers vom Gleichnis des vierfachen Ackerfeldes ausgeführt (Matthäus 13,22; Markus 4,18-19). Das Wort Gottes bleibt bei dem Menschen, der gesetzlich denkt, also alles selbst machen will, und sich somit die Denkweise der Schriftgelehrten angeeignet oder bewahrt hat, ohne Frucht. Damit wollte der Herr andeuten, daß genau das das Schicksal dieses Schriftgelehrten und jedes Schriftgelehrten sein wird, der sich nicht radikal von seinen alten Konzepten trennt

Der Herr erwartet einfach, daß sein Volk nicht lässig mit den Kostbarkeiten umgeht, die er ihm gegeben hat. Wir sollen radikal sein in der Übernahme der Wahrheit und der Gnade Gottes und alles andere, was sich dazu im Gegensatz befindet, aus unserem Denken, Herzen und Erfahrungsschatz heraustun.

Wenn wir lax mit der Wahrheit umgehen, dann gleichen wir den bösen und unnützen Fischen, die zurückgeworfen werden ins Meer. Wenn wir gar nur religiöse Formen übernommen haben und hinter den christlichen Worten und Ritualen unser altes Wesen verstecken, dann werden wir den Lohn der Ungerechtigkeit ernten.

6. Kapitel

Ein ungewöhnliches Reich mit ungewöhnlichen Erfordernissen

Jesus stellt sich, als er vor Pilatus geführt wurde, als ein König dar, der für die Wahrheit zeugt und einem ungewöhnlich Reich vorsteht.

> **Johannes 18,36-38**
> **36 Jesus antwortete: Mein Reich ist nicht von dieser Welt. Wäre mein Reich von dieser Welt, meine Diener würden darum kämpfen, daß ich den Juden nicht überantwortet würde; aber nun ist mein Reich nicht von dieser Welt.**
> **37 Da sprach Pilatus zu ihm: So bist du dennoch ein König? Jesus antwortete: Du sagst es, ich bin ein König. Ich bin dazu geboren und in die Welt gekommen, daß ich für die Wahrheit zeugen soll. Wer aus der Wahrheit ist, der höret meine Stimme.**
> **38 Spricht Pilatus zu ihm: Was ist Wahrheit? Und da er das gesagt, ging er wieder hinaus zu den Juden und spricht zu ihnen: Ich finde keine Schuld an ihm.**

Jesus redet bei seinen sehr sparsamen Äußerungen während des Verhörs in einem Atemzug davon, daß er ein König ist und daß er in die Welt gekommen ist, um für die Wahrheit zu zeugen und daß derjenige, der aus der Wahrheit ist, seine Stimme hört. Im selben Zusammenhang spricht er auch von seinem Reich, daß nicht von dieser Welt ist. Es ist eben ein Reich der Wahrheit. Es ist gewiß kein Zufall, daß Jesus diese beiden Begriffe Wahrheit und Reich Gottes in seiner Antwort auf Pilatus zusammenstellt. Das ist ein weiterer Beweis dafür — wenn wir noch einen weiteren Beweis bräuchten —, daß das Reich Gottes, dem Jesus als König vorsteht, ein Reich der Wahrheit ist. In ihm kämpft man nicht mit irdischen Waffen, sondern mit der Wahrheit. Dementsprechend sagt auch Jesaja, daß sein Königreich durch seine große Herrschaft und Frieden gestärkt und durch Recht und Gerechtigkeit gestützt wird. Es ist ein inneres Reich, das in unseren Herzen lokalisiert ist, aber sich von dort her in der Außenwelt unseres diesseitigen Lebens manifestieren will (Jesaja 9,6).

Aus diesem Grund fordert Jesus uns auf, daß wir unser ganzes Streben auf das Reich Gottes und seine Gerechtigkeit konzentrieren sollen, um dann zu erfahren, daß uns alle anderen irdischen Segnungen zufallen werden:

> **Matthäus 6,33**
> **Trachtet zuerst nach dem Reich Gottes und seiner Gerechtigkeit, so wird euch solches alles zufallen.**

Dieser wohlbekannte Vers ermahnt uns zunächst, daß wir nach dem Reich Gottes trachten sollen. Damit diese Aussage ihren ganzen Ertrag bringt, sollten wir auch in diesem Fall wieder das einsetzen, was wir mittlerweile als das Wesen des Reiches Gottes erkannt haben: Seine Wahrheit und seine Gnade. Dann liest sich dieser Text so, daß wir uns mit aller Entschiedenheit und Hingabe danach ausstrecken sollen, daß unsere Gedankenwelt, unser Bewußtsein und unser Herz völlig angefüllt ist von den Wahrheiten Gottes und seiner Gnade, mit denen er uns alle Wahrheitsangebote kostenlos zukommen läßt. Wir sollen also keine Leistung erbringen, sondern uns gänzlich und ausschließlich mit den Fakten der Erlösung beschäftigen und uns ihnen ausliefern, um dann zu erleben, daß wir selbst gerecht werden und uns alle anderen irdischen Segnungen regelrecht zufallen.

Die Wahrheit Gottes und seine Gnade sind also keine abstrakten Begriffe sondern tatsächlich die Beschreibung der Gesamtheit aller göttlichen Segnungen. Wer von diesen Wahrheiten in Gedankenform erfaßt und erfüllt ist, kann nicht anders, als diese schließlich auch im Sichtbaren zu erleben. Allerdings müssen wir danach streben und uns dementsprechend heiliger Disziplin in unserer Gedankenwelt befleißigen, so daß sich nichts anderes an weltlichen, fleischlichen oder gar teuflischen Gedanken in uns halten kann, um dort kontraproduktiv zu wirken. Dieses Prinzip beschreibt Paulus in:

> **Philipper 4,8-9**
> **8 Weiter, liebe Brüder: Was wahrhaftig ist, was ehrbar, was**

gerecht, was rein, was lieblich, was wohllautet, ist etwa eine Tugend, ist etwa ein Lob, dem denket nach!
9 Was ihr auch gelernt und empfangen und gehört und gesehen habt an mir, das tut; so wird der Gott des Friedens mit euch sein.

Die Übereinstimmung mit dem Prinzip von Matthäus 6,33 ist sinnfällig. Dort lasen wir, daß uns alle irdischen Dinge zufallen werden, wenn wir uns mit ganzer Ausschließlichkeit auf das Reich Gottes und seine Gerechtigkeit konzentrieren. Hier hören wir in detaillierter Form, daß wir unsere Gedankenwelt füllen sollen mit dem, was wahr, was ehrbar, was gerecht, was rein ist in dem Sinne, daß es unvermengt ist mit weltlichen und fleischlichen Gedanken, was der Liebe entspricht oder aus Liebe entspringt, was einen guten Bericht darstellt, sei es nun eine Tugend oder ein Lob.

Wenn wir solche Gedanken verfolgen und uns von ihnen bestimmen lassen und auch ausführen, dann wird der Gott des Friedens mit uns sein. Das meint doch nichts anderes als die Bestätigung des Herrn auf unser Tun. Das aber entspricht genau dem, was über Josef ausgesagt wird, von dem es in 1. Mose 39,21 heißt, daß der Herr mit ihm war, daß ihm die Herzen von anderen Menschen zugeneigt waren und daß er ihn vor diesen Gnade finden ließ, so daß der Herr alles, was Josef tat, in seiner Hand glücken ließ (1. Mose 39,2-3 u. 22-23).

So sehen wir hier die völlige Übereinstimmung der Prinzipien und Auswirkungen des Reiches Gottes. Eine mit Wahrheit und Gnade erfüllte Gedankenwelt einerseits und Gerechtigkeit andererseits. In beiden Fällen wird uns gegeben, was wir brauchen, wir haben Erfolg und Gelingen in irdischen Bereichen und erleben, daß der Herr mit uns ist und alles, was wir in die Hand nehmen, gelingen läßt.

Wir sehen, das Reich Gottes hat gewaltige praktische Konsequenzen, es fordert aber auch einiges von uns. Wir können nicht einmal schnell ein Stück Wahrheit des Wortes Gottes in uns hineinwerfen, Gnade zufügen, um dann die gewaltigsten Auswirkungen zu erwarten. Wir werden die Wahrheit erst dann erkennen, wenn wir mit dem Wort Gottes viel Zeit verbringen und in der dann erkannten Wahrheit seine Jünger werden. Diese Wahrheit allerdings, die sich uns durch intensiven Umgang mit dem Wort Gottes aufschließt, wird uns nicht mehr kalt und steril lassen. Sie befreit uns von allen Bindungen, Knechtschaft und Blockaden:

> **Johannes 8,31b-32**
> **31b Wenn ihr bleiben werdet an meiner Rede (Wort), so seid ihr in Wahrheit meine Jünger**
> **32 und werdet die Wahrheit erkennen, und die Wahrheit wird euch frei machen.**

Wenn uns Jesus in der Bergpredigt sagt, daß wir nach seinem Reich und nach seiner Gerechtigkeit trachten sollen, erklärt er eigentlich dasselbe, was er uns mit diesen Worten über das Bleiben am Wort und der Erkenntnis seiner Wahrheit vermitteln möchte.

David erklärt im **Psalm 199,160:**

> **Die Summe deines Wortes ist Wahrheit und dies Urteil deiner Gerechtigkeit währt ewig. Davor sagt er, daß er seine Vorschriften lieb habe. "Nach deiner Gnade, Herr, belebe mich" (Elberfelder Übersetzung).**

Wenn wir das Wort Gottes lieb haben, dann werden wir viel Zeit dafür investieren, bei diesem Worte verweilen, es auf uns einwirken lassen, darin schließlich die Wahrheit Gottes erkennen, um dann zu erleben, daß diese Wahrheit uns erfreut, belebende Gnade freisetzt und uns frei macht. Die Auswirkung des Reiches Gottes, des Reiches von Wahrheit und Gnade, auf unsere äußeren Lebensbedingungen im Sinne von umfassenden Segnungen, Wundern und Zeichen wird nur dann stattfinden, wenn wir willens sind, wie Josef, David und Paulus mit diesem unsere gesamte Gedankenwelt zu imprägnieren und zu erfüllen und uns charakterlich befreien zu lassen. Das vermag die Wahrheit, weswegen Jesus in Johannes 17,17 sagt: "Heilige sie in der Wahrheit; dein Wort ist die Wahrheit."

Heiligung, das meint Veränderung unseres Denkens, unserer Haltung und unseres Wesens, geschieht durch erkannte Wahrheit. Nachdem wir lang genug mit der Hilfe des Heiligen Geistes am Worte Gottes verweilt haben, erkennen wir darin dann alle vom Herrn schon bewirkten Befreiungsvoraussetzungen. Wenn wir im Wort Gottes die Summe aller Erlösungsangebote und die dazugehörige Gnade entdecken, dann werden wir nicht mehr die Alten bleiben. Die Wahrheit und die mit ihr verbundene Gnade, die identisch mit dem Reich Gottes sind, bergen ein ungeheueres, den Charakter veränderndes Potential in sich.

Wenn Jesus sagt, daß wir nach seinem Reich trachten sollen, dann wurde damit schon hinreichend deutlich, daß wir dazu Fleiß und Hingabe aufbringen müssen. Die nächsten beiden Worte machen uns indessen klar, daß möglicherweise diese Art von Strebung und Aufwand doch noch nicht ausreichend ist, um wirklich das Reich Gottes erfahren zu können:

> **Lukas 16,15-16**
> **15 Und er sprach zu ihnen: Ihr seid's, die ihr euch selbst als gerecht hinstellet vor den Menschen; aber Gott kennt eure Herzen; denn was hoch ist unter den Menschen, das ist ein Greuel vor Gott.**
> **16 Das Gesetz und die Propheten reichen bis auf Johannes. Von da an wird das Evangelium vom Reich Gottes gepredigt, und jedermann drängt sich mit Gewalt hinein.**

> **Matthäus 11,11-13**
> **11 Wahrlich, ich sage euch: Unter allen, die vom Weibe geboren sind, ist keiner aufgestanden, der größer sei als Johannes der Täufer; der aber ist der Kleinste im Himmelreich, ist größer als er.**
> **12 Aber von den Tagen Johannes des Täufers bis hierher leidet das Himmelreich Gewalt, und die Gewalt tun, reißen es an sich.**
> **13 Denn alle Propheten und das Gesetz haben geweissagt bis zur Zeit des Johannes.**

Aus diesen beiden Schriftabschnitten geht hervor, daß das Himmelreich, das mit dem Auftreten von Jesus gepredigt worden ist, ein Reich von Gerechtigkeit durch Gnade und Wahrheit sein muß, während die Gerechtigkeit der Pharisäer und Schriftgelehrten auf Grund von Gesetzlichkeit und eigener Leistung dem Herrn ein Greuel ist. Selbst über Johannes, den Täufer, der noch dem Alten Bund zugerechnet wird, aber schon etwas in den Neuen hineingesehen hat, wird gesagt, daß der Geringste im Reich Gottes größer ist als er. Das gilt, obwohl von der natürlichen Situation her niemand, der von einem Weibe geboren war, (aber noch nicht aus dem Geist Gottes wiedergeboren war) größer sei als er.

Es ist somit das Reich Gottes, das Jesus verkündigt, frei von Gesetzlichkeit, Selbstgerechtigkeit und Leistung und dennoch sagt der Herr, daß man dem Himmelreich regelrecht Gewalt antun soll, um es an sich zu reißen.

Bis einschließlich Johannes, dem Täufer, galten also das Gesetz und die Propheten -mit ihm, Jesus, kam Reich Gottes. Jesus zeigt mit dieser Darstellung einen Gegensatz zwischen beiden auf. Derselbe Gegensatz wird im Johannes-Evangelium deutlich, wenn es im 1. Kapitel, Vers 17 heißt: “Das Gesetz ist durch Mose gegeben, die Gnade und Wahrheit ist durch Jesus Christus geworden”.

Auch aus der Analogie dieser beiden Gegensatzpaare die zweifelsfrei dasselbe beschreiben, muß man folgern, daß das Reich Gottes identisch ist mit der Herrschaft von Wahrheit und Gnade in uns.

Doch zurück zu der ungewöhnlichen Aufforderung des Herrn, dem Himmelreich Gewalt anzutun. Das Reich der Wahrheit und der Gnade kann nur dann empfangen werden, wenn wir es mit aller Gewalt an uns reißen. Ich bin davon überzeugt, daß Jesus damit wirklich das meinte, was diese Worte ausdrücken. Wir sollen uns nicht in lascher, frömmelnder Religiosität mit dem Reich Gottes beschäftigen, um ihm gedanklich und bejahend zuzustimmen. Wir müssen die ungeheuren Wahrheiten, die das Wort Gottes uns aufschließt, mit aller Gewalt an uns reißen. Dieses Reich wird uns angeboten, um unsere gewaltsame Aneignung zu erleiden. Der Herr erwartet einfach von uns, daß wir uns nicht in harmloser Beschaulichkeit und in philosophischer Distanz die Fakten des Reiches Gottes anschauen, sondern sie als Angebote ansehen und dem Herrn schier aus den Händen reißen.

Wer sich anders verhält, also dezenter und angepaßter, ist nicht glaubwürdig. Das Angebot, das der Herr uns in seinen umfassenden und berauschend schönen Erlösungsfakten anbietet, läßt nur eine angemessene Reaktionsweise zu: nichts wie hin und mit aller Leidenschaft und Gewalt das ergreifen, was der Herr zum Ergreifen ausgelegt hat.

Es ist zweifelsfrei, daß der Herr diese gewalttätige Form der Bemächtigung des Reiches Gottes als etwas Tugendhaftes und Lobenswertes darstellt. Wer so auf das Angebot Gottes reagiert, tut nichts Unrechtes, sondern beweist nur, daß er die Wahrheit wirklich erkannt und verstanden hat. Sie muß tatsächlich verstanden werden, wie uns Jesus in dem Kerngleichnis über das Reich Gottes, dem Gleichnis des vierfachen Ackerfeldes in Matthäus 13,23 verdeutlicht. Die dreißig, sechszig- und hundertfältige Frucht kommt nämlich nur dann zustande, wenn das Wort gehört und verstanden worden war! Wer aber die Wahrheit wirklich erkannt und verstanden hat, also die Summe von allen göttlichen Schätzen in großer Klarheit vor seinem inneren erleuchteten Auge sieht, (wie es Paulus in seinem ersten Mustergebet darstellt; Epheser 1,18) der ist ihr verfallen und kann nicht mehr in behäbiger und höflicher Abgeklärtheit diese Wahrheit beschaulich betrachten.

Von einer solchen Ergriffenheit durch die Wahrheit sehen wir bis jetzt unter uns noch viel zu wenig. Aber ich glaube, daß wir in dem Maße, wie wir füreinander und gegenseitig im Gebet einstehen, den Geist der Erkenntnis bekommen und unsere Augen immer mehr für die unsichtbare Wirklichkeit geöffnet werden. So werden wir dann solche gewalttätigen Gläubigen werden, die die Wahrheit sehen und sich ihrer bemächtigen, um anschließend den Reichtum an Herrlichkeit des Erbes zu sehen und anzutreten und die überschwengliche Größe seiner Kraft glaubend zu erfahren (das sind ebenfalls die Beschreibungen der Auswirkungen der geöffneten Augen durch das Gebet um Weisheit und Erkenntnis nach Epheser 1,18-19).

Ein Wort über Tradition

Je länger wir den Gedanken des Herrn zum Thema Reich Gottes folgen, um so deutlicher wird uns, daß dieses Reich geheimnisvoll und sonderbar ist und unsere ganze Kraft und Hingabe erfordert, um es zu verstehen und zu erleben.

Jesus selbst hat gesagt, daß mit dem Reich Gottes ein Geheimnis verbunden ist, welches den Menschen draußen, die ihm nicht nachfolgen, verschlossen bleibt:

> **Markus 4,11,33-34**
> **11 Und er sprach zu ihnen: Euch ist das Geheimnis des Reiches Gottes gegeben; denen aber draußen widerfährt es alles durch Gleichnisse.**
> **33 Und durch viele solche Gleichnisse sagte er ihnen das Wort so, wie sie es zu hören vermochten.**
> **34 Und ohne Gleichnis redete er nicht zu ihnen; aber wenn sie allein waren, legte er seinen Jüngern alles aus.**

Auch wenn Jesus sagte, daß seinen Jüngern das Reich Gottes gegeben sei, so bedeutete das nicht, daß sie alle Zusammenhänge um dieses Reich sofort verstanden haben. Auch sie bedurften der privaten Auslegung der Gleichnisreden durch ihren Herrn. Alle Geheimnisse des Reiches Gottes hängen mit den Begriffen Wahrheit, Gnade und Veränderung zusammen.

In den beiden nächsten Worten Jesu, die ihrer Form nach in der Mitte zwischen klarer Aussage und Gleichnis stehen, wird die Herausforderung besonders deutlich, daß die Jünger Jesu, die nach dem Reich Gottes trachten, sich im bewußten Gegensatz zu allen gesellschaftlichen und traditionellen Normen und Werten stellen. Die Kinder des Reiches unterscheiden sich nicht nur in einigen weltanschaulichen Standpunkten von ihrer Umgebung. Ihr Auftreten, ihr Verhalten, ihr Engagement und manchmal auch ihre Verweigerung ist offensichtlich. Es bringt sie in Gegensatz zu ihrer Umgebung und beweist, daß sie im Innersten ihrer Person völlig verschieden sind von üblicher christlicher oder bürgerlicher Wohlanständigkeit. Sie kennen ihren Herrn, sie kennen seine Gedanken über sie und sind darin so tief verwurzelt, daß ihre neue Identität ihnen Schutz und Ausstrahlung gibt und sie befähigt, gegen den Strom zu schwimmen.

Lukas 9,59-62
59 Und er sprach zu einem anderen: Folge mir nach! Der aber sprach: Erlaube mir, daß ich zuvor hingehe und meinen Vater begrabe.
60 Aber Jesus sprach zu ihm: Laß die Toten ihre Toten begraben; gehe du aber hin und verkündige das Reich Gottes!
61 Und ein andrer sprach: Herr, ich will dir nachfolgen; aber erlaube mir zuvor, daß ich Abschied nehme von denen, die in meinem Hause sind.
62 Jesus aber sprach zu ihm: Wer seine Hand an den Pflug legt und sieht zurück, der ist nicht geschickt zum Reich Gottes.

Das sind also zwei weitere Beispiele des von Jesus geforderten radikalen Umgangs mit erkannter und erlebter Wahrheit. Jesus fordert jemanden auf, ihm nachzufolgen, was bedeutet, daß er die Qualität der Jüngerschaft oder zumindest der potentiellen Jüngerschaft schon besaß. Dieser Jünger aber sah zunächst die bürgerliche und irgendwie auch verständliche Pflicht, der Beerdigung seines verstorbenen Vaters beizuwohnen. Aber das konnte Jesus nicht tolerieren. In diesem Fall sollte er dieses traditionelle Zeremoniell den geistlich Toten überlassen, sich selbst aber Jesus zur Verfügung stellen und sofort anfangen, daß Reich Gottes zu verkündigen.

Wohlgemerkt, das ist kein Gleichnis sondern Klartext. Ich glaube nicht, daß der Herr uns im Regelfall davon abhalten will, unsere Angehörigen in würdevoller Weise unter die Erde zu bringen. Aber Jesus wußte es schon von Anfang an und hat es mit diesen Worten warnend angekündigt, daß seine Jünger die Tendenz entwickeln würden, in ihrer Nachfolge ein Übermaß von Tradition zu entwickeln, was das Reich Gottes hindert, wenn es nicht gar tötet. Deswegen diese radikale Aufforderung die — davon bin ich überzeugt — in mancher Abwandlung heute noch genauso gilt, wenn nicht gar mehr, als je zuvor.

In Kolosser 2,8 verrät uns der Heilige Geist durch Paulus, daß nach seiner Sicht und Analyse die Tradition der Menschen auf einer Ebene mit der bösen Lehrtätigkeit der dämonischen Elemente der Welt steht. Das ist wahrlich ein starkes Wort. In dem Begriff und der Wirksamkeit der Tradition liegt nicht nur das Element der Beharrlichkeit und des Bewahrens alter Erfahrungen, sondern auch des Konservierens von menschlichen Ideen, Philosophien und Erfahrungen, die möglicherweiser gestern richtig waren aber heute nicht mehr zur Richtschnur des Handelns erhoben werden dürfen, weil Gott heute etwas ganz anderes gesagt hat. Tradition ist Absage an den eifernden Gott, der sich immer wieder neu und frisch und in anderer Form (allerdings im Rahmen seiner großen Wahrheiten) offenbaren will und diese Offenbarung in Gestalt von individuellen Führungen ankündigt.

Wer sich der Tradition ergeben hat, verharrt im Alten, ruht in der Stagnation und stellt sich gegen Fortschritt. In einem solchen Konzept gibt es keinen Raum für Veränderung und das frische Reden Gottes. Die seelsorgerlichen Erfahrungen, aber auch die Beobachtung von Gemeinden und Gemeindebünden beweisen, daß das auch dann der Fall ist, wenn die Verfechter der Tradition auf ihre wohlabgewogene Verbindung des Beharrens im Bewährten mit neuzeitlichen und aktuellen Einsichten verweisen. Bei genauem Hinsehen sind das doch nur schöne Worte, die über den Sachverhalt des Status quo hinwegtäuschen sollen. Gott ging weiter, und sie blieben stehen.

Ein sonderbares Training: nicht zurückschauen

Der andere Jünger, der sich selbst angeboten hat, dem Herrn nachzufolgen, sah eine ähnliche Pflicht wie der Jünger, der seinen Vater zuerst begraben wollte. Er hielt es für angemessen, im Anbetracht der wichtigen Entscheidung, die er getroffen hatte, zunächst von seinem Hause und seiner Verwandtschaft Abschied zu nehmen. Aber auch das traf auf den energischen Widerspruch unseres Herrn und ist unvereinbar mit den Forderungen des Reiches Gottes.

In seiner Antwort benutzte Jesus wieder das Mittel des Gleichnisses: Wer seine Hand an den Pflug legt und sieht zurück, der ist nicht tauglich zum *Reiche Gottes*. Mit diesem Verbot konfrontiert uns der Herr mit einer weiteren radikalen Forderung, einer völlig neuen Haltung zur Vergangenheit. Zunächst forderte der Herr, daß wir uns von allen menschlichen Prinzipien, Gedanken, Werten, Wahrheiten und Erfahrungen trennen. Die Jünger Jesu, die sich bewußt als Teil des Reiches Gottes verstehen, sollen nicht durch Außenumstände, übliche Normen und das, was rechts oder links von ihnen ist, bewegt werden.

Dann sahen wir, daß sich dieses Gebot sogar gegen die Tradition stellte, auf die die Menschen so leicht stolz sind und die sie für die Summe von allen guten Erfahrungen der Vergangenheit halten.

Nun erleben wir, wie der Herr diesen Ansatz noch verschärft: Wir sollen, nachdem wir einmal Ja zum Reich Gottes gesagt haben, nicht mehr zurückschauen. Das Reich Gottes ist so vorrangig, daß es uns nicht einmal erlaubt wird, Abschied zu nehmen von der Welt und von dem Alten.

Jesus weiß, daß jede rückwärts gerichtete Orientierung und auch jeder große und schmerzliche Abschied, der von verborgener Trauer über das Lassen des Alten gekennzeichnet ist, beweist, daß man doch noch ein gewisses Verlangen danach hat. Eigentlich möchte man sich ja nur sehr ungern von den alten Dingen trennen.

Jesus will uns damit sagen: Wenn wir in das Reich Gottes hineingetreten sind, gibt es nur eine Richtung: vorwärts. Wenn wir uns mit dem Alten beschäftigen, wenn wir darauf sehen, wie Lots Frau auf das brennende Sodom und Gomorra gesehen hat, dann werden wir davon eingeholt, erfaßt und geprägt. So ist jedes Rückwärtsschauen ein Eingeständnis, daß die Lust am Herrn nicht unser vorherrschendes Motiv ist. Es sind nicht nur die alten Lüste noch da, im Zurückschauen ergibt man sich ihnen auch.

Wer zurückschaut, verbindet sich mit der alten Identität, bejaht sie und fixiert sie in sich. Der Blick zurück ist die Verneinung und Außerkraftsetzung des Reiches Gottes.

Aber was kann man nur machen, wenn man sich doch immer wieder dabei entdeckt, daß man von der Vergangenheit fasziniert oder eingeholt wird? "Das ist nun einmal in mir", werden die sagen, die sich immer wieder dabei ertappen, daß sie zurückschauen und vergangene Freuden, Sorgen und Niederlagen zurückholen und erneut durchleben. Manche erleben das wie einen Zwang und fühlen sich als ein Opfer ihrer eigenen Gedankentätigkeit.

Es reicht in der Tat nicht aus, daß man sich verbietet, zurückzuschauen. Wir sollen vor allem nach vorn schauen, genaugenommen, wir sollen uns den Inhalt des Reiches Gottes und den Herrn des Reiches, Jesus, und den Vater mit ihren einzigartigen Charakterzügen, Eigenschaften und glorreichen Siegen anschauen. Indem wir uns intensiv mit allem gedanklich beschäftigen, was uns das Wort Gottes über Gottes Person und Handeln offenbart, erkennen wir einen neuen Fluchtpunkt für unsere Gedanken und wir werden angezogen werden von der zunehmenden Erkenntnis der Kraft, Schönheit und Liebe Gottes. Erkennen ist Sehen. Wenn Gott und alles, was er uns vermittelt, zu unserem Schatz geworden ist, dann wird sich unser Herz dorthin orientieren und das zwanghafte Zurücksehen wird ein Ende haben. Jesus sagt: Wo dein Schatz ist, da ist dein Herz.

Hier setzt die besondere Lehre über das Reich Gottes und auch der Gewinn daraus an. Unsere Gefühle, Stimmungen, Reaktionen und Haltungen folgen immer unseren Gedanken. Wenn wir erkenntnismäßig durch Offenbarung des Heiligen Geistes Gott und seine Welt geschaut haben, wird uns nichts mehr zurückziehen.

Das Reich Gottes wird in dem Gleichnis mit der Situation des Pflügens verglichen, bei der ein totaler Umbruch und gänzliche Veränderung der Oberfläche des Ackers (des Herzens) erfolgt. Pflügen ist die Voraussetzunng zum Säen, dem anschließenden Wachsen der Saat und der Fruchtausbildung mit der nachfolgenden Ernte. Wir sollen aber den ganzen Acker umpflügen und keine Stelle auslassen. Das entspricht der Aussage des Herrn, daß wir keinen alten Bestand an Reichtum, Sorgen und Begierden dieser Welt in unserem Herzen übrig lassen sollen.

Die Steigerung in diesem Wort gegenüber allen früheren Ausführungen Jesu liegt darin, daß wir uns auch an der Vergangenheit vergreifen sollen. Der Herr will dir sagen: du hast eine schöne und lichtvolle Zukunft vor dir, die durch die Wirksamkeit meiner Wahrheit und meiner Gnade in dir gestaltet werden soll. Achte aber nun darauf, daß dich die Vergangenheit nicht bremst und behindert.

Solange wir durch unsichtbare Fäden und Bande noch von der Vergangenheit dirigiert und geprägt werden, sind wir nicht frei zu jener Erneuerung des Sinnes und Veränderung der Gesamtpersönlichkeit, die Jesus bei uns herstellen will.

Wir dürfen uns zum Beispiel nicht demütigen und irritieren lassen durch alte Fehler, frühere Niederlagen, vergangene Schwächen und Enttäuschungen. Wenn der Herr sagt, daß wir pflügen sollen und daß wir nicht zurückschauen sollen, dann meint das, daß wir selbst dafür verantwortlich sind, daß wir nicht von der Vergangenheit gelähmt, gedemütigt oder blockiert werden. Das Interessante an diesem Bild ist, daß wir selbst pflügen sollen. Wir haben vom Herrn den Auftrag bekommen, die Landschaft unseres Herzens selbst aufzubrechen und völlig Neues zu schaffen.

Der Teufel will uns festhalten mit dem Verweis auf unsere uralten und immer wiederkehrenden Sünden, sündhaften Haltungen und Schwächen. Er sagt uns: Du kommst ja doch nicht aus deiner Haut heraus, du wirst immer der Alte bleiben. Des Teufels listenhafte Argumentation gipfelt in der Aufforderung, uns bewußt mit der Vergangenheit zu beschäftigen, damit wir keine Sünde übersehen und frevelhaft zudecken.

Das ist eine arglistige Täuschung und Verdrehung der geistlichen Wahrheiten. Natürlich sollen wir vergangene Sünde, wenn sie der Heilige Geist uns ins Bewußtsein hebt, dem Herrn übergeben und dafür Gnade und Vergebung empfangen. Insofern müssen wir uns mit ihr beschäftigen, um sie aus unserem Leben zu entfernen. Aber das wird jeweils ein Vorgang von punktueller Natur sein und nicht ein Prozess der ständigen Rückorientierung.

Wenn wir unsere Vergangenheit dem Herrn übergeben haben, dann ist es nicht mehr angezeigt, daß wir uns mit alten Fehlern, Problemen und Defiziten beschäftigen. Wir müssen es lernen, den Teufel zu ärgern, indem wir auf seine Verführung nicht mehr eingehen, sondern vielmehr unseren Kopf nach vorn wenden, um, ausgestattet mit den neuen Wahrheiten und mit einer neuen Portion von Gnade, die Gegenwart zu meistern. Wir sollen unsere Vergangenheit nicht aufarbeiten (was so häufig in christlichen Kreisen erklärt wird)! Wir sollen sie entmachten durch das Mittel der Gnade und der Vergebung, aber dann nach vorne schauen.

> **Hosea 10,12**
> **Säet euch nach Gerechtigkeit, erntet gemäß der Gnade! Brecht euch einen Neubruch! Es ist Zeit, den Herrn zu suchen, damit er kommt und euch Gerechtigkeit regnen läßt (Elberfelder Übersetzung)**

Wir sollen Gerechtigkeit und Gnade säen, nachdem wir einen Umbruch unseres Herzens vorgenommen haben. Wenn wir so unser eigenes Herz umpflügen und den göttlichen Samen einsäen, wird — was für eine interessante Wendung im Bild — vom Himmel Gerechtigkeit regnen. In diesem Bild sehe ich die höchstmögliche Steigerung an Aussage zum Thema Reich Gottes und Veränderung unserer selbst. Wenn wir uns durch Wahrheit und Gnade, die die Gerechtigkeit mit einschließt, im Denken erneuern und so verändert werden, dann wird diese Gerechtigkeit nicht nur auf Erden aufgehen, sondern obendrein vom Himmel herab auf uns regnen. Praktischer und großartiger kann man wohl nicht darstellen, was der Herr an Segen für die bereithält, die sich der Erneuerung der Gedankenwelt bewußt und aktiv aussetzen.

In dieser Aufforderung des Propheten Hosea wird uns dann zur Bestätigung noch einmal mitgeteilt, wie wir die Richtung einhalten können und die Motivation zu diesem Umbruch empfangen können: Wir sollen den Herrn suchen. Er läßt sich nämlich von denen, die ihn suchen, gern finden. Den Herrn gefunden zu haben aber meint, seine Herrlichkeit und Gegenwart zu erfahren, zu genießen und dann an diese verloren zu sein. Auch hier gilt die Regel, die das ganze Wort Gottes durchzieht, daß wir nicht mit seelischer Kraft oder philosophischem Wahrheitsdrang den Weg zu Gott erarbeiten sollen. Gott läßt sich finden, um sich uns in seiner Liebe und Einzigartigkeit zu offenbaren. Daraus beziehen wir die Motivation, anders werden zu wollen. Bei Paulus wird diese Wahrheit fortgeführt und noch kühner artikuliert:

Philipper 3,13
Ich vergesse, was dahinten ist, und strecke mich nach dem, das da vorne ist, und jage nach dem vorgesteckten Ziel, nach dem Kleinod der himmlischen Berufung Gottes in Christus Jesus.

Paulus redet von einem aktiven Vergessen, das uns als Tugend empfohlen wird. Vergessen heißt nicht verdrängen. Wir dürfen uns ohne Schuldgefühle weigern zurückzuschauen, nachdem der Herr unsere Vergangenheit bereinigt und damit entmachtet hat. Was früher war soll nicht mehr seine prägende Kraft auf uns entfalten können. Ein aktives Vergessen, das allein durch göttliche Wahrheit und Gnade zustande kommt, befähigt uns, für die Gegenwart und Zukunft da zu sein.

Vergessen können, ist ein Gnaden-Geschehen, das nur dann möglich ist, wenn wir exakt in den Wahrheiten Gottes unterwiesen sind. Andernfalls werden wir dann doch wieder ein Opfer der alten Verführungskünste des Teufels werden, der uns Oberflächlichkeit, Unehrlichkeit, Flucht und den Makel des Verdrängens vorhalten will, wenn wir uns der belastenden Inhalte unserer Erinnerung zu entledigen suchen.

Aber mit Jesus können wir vergessen, wenn zwei Voraussetzungen vorliegen:

1. Müssen wir von der Kenntnis der Herrlichkeit Gottes und seiner Schätze beflügelt werden. Paulus nennt das in diesem Abschnitt das sich Ausstrecken nach dem was vorn ist. Das Jagen nach dem *Schatz* der himmlischen Berufung Gottes in Christus Jesus.

2. Müssen wir unsere eigenen vermeintlichen Qualitäten, unsere natürlichen Fähigkeiten, Vorzüge und fleischliche Grundausstattung als letztlich mangelhaft, als Verlust und Schaden durchschauen. Ohne diese beiden Bedingungen werden wir nicht imstande sein, uns von der Vergangenheit zu distanzieren. Alle Bemühungen, die das zum Ziel haben, werden Scheingefechte sein, weil wir zutiefst von unserer eigenen Vortrefflichkeit überzeugt sind und damit das entscheidende Moment fehlt, auf die Vergangenheit zu verzichten und nach vorne zu schauen. Es ist zu viel ureigenes Material dabei, das wir dann regelrecht verraten würden. Hier liegen die geheimen und wahren Gründe der Unfähigkeit zu vergessen.

Wir müssen uns am Schluß des Kapitels noch einmal vergegenwärtigen, daß das Gebot der umfassenden Veränderung, die der Herr von uns erwartet, und das Leben der totalen Nonkonformität nicht in einem mühsamen Prozess gewonnen werden. Im ganzen Evangelium gibt es keine Stelle, wo wir zur Leistung angestachelt werden, wohl aber zur Arbeit. So ist auch in diesem Fall die treibende Kraft nicht unser heroischer Willenseinsatz, mit dem wir diesen Prozess durchschreiten. Damit werden wir tief im fleischlichen Denken und letztlich in religiöser Rebellion gegenüber Gott landen.

Nein, die entscheidende Kraft ist die Erkenntnis Gottes, die der Heilige Geist uns schenken möchte und die uns so fasziniert, daß wir darüber gerne alle anderen uns angebotenen Werte und Ziele beiseite lassen, um dem uns von Gott gezeigten Schatz nachzujagen. Dieses Nachjagen und Nacheifern Jesu ist voller Lust und Freude und führt zu zunehmender Erfüllung, weil sich Gott gerne finden läßt.

Es wird von uns nicht gefordert, daß wir zugunsten der Umprägung unserer Persönlichkeit und dem, was die Schrift Heiligung nennt, schmerzhafte Einschnitte an uns selbst vornehmen oder vornehmen lassen. Der Motor zur Charakterveränderung liegt ausschließlich in der Erkenntnis der höherwertigen und lustvolleren Güter, die uns Gott sehen läßt. In Vorfreude und Vorgeschmack auf die schöneren Geschenke, die Gott für uns bereithält, lassen wir gerne alle Ziele und Freuden fallen, die uns bis dahin erregt und bestimmt haben. So ist Erkenntnis die entscheidende Voraussetzung für alle Fortschritte in unserer Nachfolge. Erkennen (sehen) wir neue legitime und lustvolle Schätze und Geschenke Gottes für uns, dann ist die Abkehr vom Alten innerlich schon vollzogen. Ein Opfer ist dann nicht mehr möglich, unsere Verzichtsleistung, die ja nicht von Gott gefordert wird, bleibt aus (siehe dazu auch "Lust am Herrn", Aufbruch-Verlag 1991) .

7. Kapitel

Die Botschaft der Psalmen

Die Lehre vom Reich Gottes, die identisch ist mit der Verkündigung von Wahrheit und Gnade, hatte in den Reden Jesu einen herausragenden Platz inne. Das Wort sagt uns, daß erst durch Jesus Gnade und Wahrheit geworden ist. Wir haben festgestellt, daß die angemessene Betonung und Verdeutlichung des Reiches Gottes eine immense verändernde und persönlichkeitsformende Wirkung hat. Das hängt eben damit zusammen, daß das Reich Gottes ein Reich von Gnade und Wahrheit ist. Wahrheiten aber können erkannt, bejaht, verstanden und damit zum Teil unseres Wissens und der Gesamtpersönlichkeit werden. Das wird um so mehr geschehen, wenn diese Wahrheit mit Gnade verbunden ist, die die Wahrheit so attraktiv macht.

Gott kommt von vorne. Er bringt uns nicht zuerst Umstände und Gefühle, sondern ein Gedankenangebot, das durch und durch wahr ist, weil es von geschichtlichen Tatsachen gedeckt ist. Jeder, dem es angeboten wird, kann es erkennen und übernehmen oder auch verwerfen (die Grenzen der Erkenntnisfähigkeit aber auch die Ermöglichungen zum Erkennen werden in diesem Buch nicht einzeln abgehandelt. Siehe dazu: “Erkennen, Glauben, Bekennen”, Aufbruch-Verlag 1991).

Wenn durch Jesus Gnade und Wahrheit geworden ist und er uns den Eingang zu dem Reich Gottes dadurch verschafft hat, dann ist es zu erwarten, daß in den prophetischen Büchern des Alten Testamentes dieses Hauptziel neutestamentlicher Offenbarung zumindest vorgebildet ist und angekündigt wird. Dem ist tatsächlich so. Besonders in den Psalmen, die über weite Strecken nichts anderes als Neues Testament im Alten Testament darstellen, finden wir eine überzufällig hohe Anzahl von Erwähnungen des Reiches von Wahrheit und Gnade.

Psalm 25,5-7 (Elberfelder Übersetzung)
5 Leite mich in deiner Wahrheit und lehre mich, denn du bist der Gott meines Heils; auf dich harre ich den ganzen Tag.

6 Gedenke an deine Erbarmungen, Herr, und an deine Gnadenerweise; denn sie sind von Ewigkeit her.
7 An die Sünden meiner Jugend und meine Übertretungen gedenke nicht; nach deiner Huld gedenke du meiner, um deiner Güte willen, Herr!

In diesem Wort, das eine schöne Ergänzung in Psalm 19,9-11 findet, wird uns die Wahrheit als der Hauptinhalt jeglicher Lehre und der Weg zum Heil dargestellt. Gott will uns nicht nur seine Taten, sondern auch seine Wege und Pfade lehren, die Wege der Wahrheit sind. Wenn uns Wahrheit gelehrt worden ist, dann haben wir alles Wichtige überhaupt empfangen. Mit Wahrheit ist die Gnade gepaart, die Gott drängt, in Handlungen von Gnadenerweisungen und Erbarmungen Gutes zu tun, sprich die Gnade an die Wahrheit anzubinden, weil sie nicht von der Wahrheit zu trennen ist. Sie hat ihren Bestand von Ewigkeit her und tilgt unsere Sünden und Vergehungen und ist getränkt von Gottes Güte.

In Psalm 19 finden wir dazu noch die Schilderung der schönen Eigenschaft der Wahrheit, daß sie, weil sie definitionsgemäß die Gnade bereits in sich hat, attraktiv und wohltuend ist. Das Wort Gottes und alle Rechtssatzungen sind Wahrheit, sind gerecht, sind köstlicher als Gold und süßer als Honig und Honigseim.

Psalm 19,8-11 (Elberfelder Übersetzung
8 Das Gesetz des Herrn ist vollkommen und erquickt die Seele; das Zeugnis des Herrn ist zuverlässig und macht Einfältige weise.
9 Die Vorschriften des Herrn sind richtig und erfreuen das Herz; das Gebot des Herrn ist lauter und erleuchtet die Augen.
10 Die Furcht des Herrn ist rein und besteht in Ewigkeit. Die Rechtsbestimmungen des Herrn sind Wahrheit, sie sind gerecht allesamt;
11 sie, die köstlicher sind als Gold, ja viel gediegenes Gold, und süßer als Honig und Honigseim.

Psalm 115,1 (Elberfelder Übersetzung)
Nicht uns, Herr, nicht uns, sondern deinem Namen gib Ehre um deiner Gnade und Wahrheit willen!

Gottes Gnade und Wahrheit sind die grundlegenden Eigenschaften Gottes, in denen alle anderen göttlichen Eigenschaften enthalten sind. Durch sie ist Gott einzigartig und völlig anders als jene Götzen und Götter, die im weiteren Verlauf des Psalms aufgeführt werden. Deswegen fordert der Psalmschreiber auch Gott auf, von unserer Ehrung abzusehen. Denn ihm gebührt wegen seiner Gnade und Wahrheit alle Ehre. Diesen Gedanken greift Psalm 117 auf.

Psalm 117,1-2 (Elberfelder Übersetzung)
1 Lobt den Herrn, alle Heiden! Rühmt ihn, alle Völker!
2 Denn mächtig über uns ist seine Gnade! Die Wahrheit des Herrn währt ewig! Halleluja!

Die Völker und Nationen sollen den Herrn rühmen und loben, weil seine Gnade über ihnen mächtig und seine Wahrheit ewig ist. In Psalm 119, den Psalm des Wortes, kann die Gnade und Wahrheit natürlich nicht fehlen:

Psalm 119,159-160 (Elberfelder Übersetzung)
159 Sieh, daß ich deine Vorschriften liebhabe. Nach deiner Gnade, Herr, belebe mich!
160 Die Summe deines Wortes ist Wahrheit, und jedes Urteil deiner Gerechtigkeit währt ewig.

Hier wird uns noch einmal bestätigt, daß die Wahrheit die Summe von Gottes Wort ist. Auch hier erscheint sie wieder zusammen mit der Gnade des Herrn. Von ihr wird ausdrücklich gesagt, daß sie belebt (siehe dazu auch Vers 149 und 151).

Weil sich Wahrheit und Gnade nicht voneinander trennen lassen, haben sie immer eine inspirierende, ermutigende, belebende und erquickende Wirkung. Sie kommen nicht durch die Hintertür über Widerfahrnisse und Gefühle zu uns, sondern gehen durch das Tor unseres Herzens in uns ein, durch das Bewußtsein und das Gewissen.

Psalm 138,1-2 (Elberfelder Übersetzung)
1 Preisen will ich dich von ganzem Herzen, ich will dir spielen vor den Göttern.
2 Ich falle nieder vor deinem heiligen Tempel, und deinen Namen preise ich wegen deiner Gnade und Wahrheit.

Die letzte Begründung für unser Lob und unser Preisen Gottes ist seine Gnade und Wahrheit. Wer diese erkannt hat, sie wirklich mit seinen inneren Augen des Herzens sieht, kann nicht gleichgültig, abgeklärt und in Distanz zu Gott bleiben. Er wird ihn von ganzem Herzen preisen, er wird ihm spielen vor allen vermeintlichen Göttern und vor ihm in seinem heiligen Tempel niederfallen, ohne dabei seine Würde einzubüßen. Allein schon das Erkennen von Gottes Wahrheit und Gnade, die Ausdruck seines Wesens sind, veranlaßt uns dazu.

Paulus redet von der überschwenglichen Größe der Erkenntnis Christi seines Herrn, die eine so gewaltige Erfahrung für ihn gewesen sein muß, daß er deswegen alles andere, was ihm sonst Gewinn und Vorteil war, beiseite gestellt hat und als Schaden erachtet hat (Philipper 3,8).

Die Erkenntnis von Gottes Wesen, seiner Wahrheit und seiner Gnade ist nicht eine intellektuelle Wahrnehmung die uns unberührt und unverändert läßt. Sie setzt solche Kräfte von Sehnsucht und Hingabe, Erfüllung und Freude frei, daß wir dadurch Verwandlung unseres Wesens erfahren.

Im Psalm 138 beschreibt David, wie er wegen Gottes Gnade und Wahrheit nicht anders kann, als ihn zu preisen, zu spielen und in Anbetung vor ihm niederzufallen. Das wird in Psalm 145 aufgegriffen:

> **Psalm 145,8 u.18 (Elberfelder Übersetzung)**
> **8 Gnädig und barmherzig ist der Herr, langsam zum Zorn und groß an Gnade.**
> **18 Nahe ist der Herr allen, die ihn anrufen, allen, die ihn in Wahrheit anrufen.**

Gott ist denen nahe, die ihn in Wahrheit anrufen. Wir sollen in der Wahrheit zu ihm kommen, ihn anrufen und anbeten. Das ist die einzig angemessene Haltung, die wir vor Gott einnehmen können. Das erinnert uns an das Wort Jesu:

> **Johannes 4,24**
> **Gott ist Geist, und die ihn anbeten, die müssen ihn im Geist und in der Wahrheit anbeten.**

Wir können Gott nur dann begegnen, mit ihm reden und ihn in wohlgefälliger Weise anbeten, wenn wir selbst in der Wahrheit sind. Was meint nun, Gott im Geist und in der Wahrheit anzubeten? Ich verstehe darunter eine Haltung, in der wir uns ausdrücklich auf seine eigenen Geschenke, sein Heil und seine Gerechtigkeit berufen. Wir nahen uns Gott nicht im Verweis auf unsere eigenen natürlichen Stärken, Fähigkeiten oder eigene Gerechtigkeit. Vielmehr präsentieren wir ihm dankend und anbetend seine eigenen Segnungen und Gaben und kommen nicht zu ihm in eigener Autorität, sondern in seinem Heiligen Geist.

Wir finden in den Psalmen nicht nur herrliche Bestätigungen der neutestamentlichen Gedankengänge über Reich Gottes, Wahrheit und Gnade, sondern einige bemerkenswerte bildhafte Ausführungen über die Bedeutung von Wahrheit und Gnade für unsere alltägliche Nachfolge. Wir wollen uns diese Botschaft der Psalmen genauer ansehen:

Psalm 89,15-18 (Elberfelder Übersetzung)
15 Gerechtigkeit und Recht sind deines Thrones Grundfeste. Gnade und Wahrheit gehen vor deinem Angesicht her.
16 Glücklich ist das Volk, das den Jubelruf kennt! Herr, im Licht deines Angesicht wandeln sie.
17 In deinem Namen freuen sie sich täglich, und durch deine Gerechtigkeit werden sie erhöht.
18 Denn die Zierde ihrer Stärke bist du; und durch deine Gunst wird unser Horn erhöht.

Es wird der Thron Gottes als ein Thron der Gerechtigkeit des Rechtes beschrieben. Durch das Blut Jesu haben wir Zugang zum Thron der Gnade. Alle Verdammnis ist nun von uns genommen und in Hoffnung (Hebräer 6,18-20) und mit Kühnheit (Hebräer 10,19-20) können wir uns bedenkenlos dem Throne Gottes nahen. Aber was finden wir dort? Es heißt hier in Psalm 89,15, daß dort vor dem Angesicht Gottes Gnade und Wahrheit hergehen. Was für eine Aussage und welch ein Bild! Oder ist es gar kein Bild? Gnade und Wahrheit werden hier wie Personen dargestellt die vor dem Angesicht Gottes hin und hergehen. Das erinnert sehr an die Darstellung des Heiligen Geistes, der sich vor dem Thron Gottes bewegt und Feuer, Blitzen und auch den Cherubim gleicht (Hesekiel 10,2-7; Hesekiel 1,12-14). Die Herrlichkeit Gottes, die Cherubim und der Heilige Geist scheinen eine interessante Einheit darzustellen. Die Ausführung von Hesekiel 1 und Hesekiel 10 über das Wesen des Heiligen Geistes, die Bedeutung der vier Gestalten, die den vier Cherubim entsprechen und dann wieder die Herrlichkeit des Feuers vor dem Thron Gottes darstellen, sind so ziemlich das Tiefgründigste und Geheimnisvollste, was uns das Wort Gottes über die unsichtbare Herrlichkeit vermittelt.

Der Geist Gottes wird uns ja auch als ein Geist der Gnade und als ein Geist der Wahrheit genannt. So ist zu verstehen, daß Gnade und Wahrheit in letzter Konsequenz einen personalen Charakter haben und vor dem Thron Gottes und dem Angesicht des Vaters auf und ab gehen.

Dort soll sich nach Vers 16 auch das Volk Gottes befinden, um erfüllt von Wahrheit und Gnade im Lichte des Angesichtes Gottes glücklich jubeln zu können.

Schauen wir uns die Szenerie wie sie in den Psalmen beschrieben wird noch genauer an: Vom Angesicht Gottes, der auf dem Thron der Gerechtigkeit und des Rechts sitzt, strahlt Licht aus. In diesem Lichte sollen wir als Kinder Gottes gemeinsam mit Gnade und Wahrheit gehen und umherwandeln. Dadurch sollen wir beglückt werden, fröhlich sein, erhöht werden und vor Freude jubeln. Hier wird nichts von uns selbst erwartet, alles wird uns von der liebenden Ausstrahlung des Herrn vermittelt. Unser Mund wird so fröhlich gemacht, daß wir glücklich jubeln können. Das ist letztlich die Folge von geschenkter Wahrheit und Gnade. Aber das ist nicht das Ende der Erfahrung vor dem Thron Gottes.

Schweben und jung werden wie ein Adler

Psalm 103, 5
Der deinen Mund fröhlich macht, und du wieder jung wirst wie ein Adler.

Die Adler sind jene Tiere, die ohne Ermüdung und Ermattung bei denkbar geringstem Energieverbrauch am höchsten fliegen können und, wenn sie wollen, die größte Fluggeschwindigkeit im Abwärtssturz entwickeln können. Wenn wir auf Gott harren, also intensiv mit seinen Geschenken und seinem Erscheinen rechnen, dann soll es uns gehen wie dem Adler. Wir sollen im Aufwind des Heiligen Geistes (Ruach, gleich Wind und Geist) in höchste Höhen getragen werden. Sensibel wie die geisterfüllten Gläubigen sein sollen, reagieren sie auf die geringsten thermischen Strömungen und Aufwinde und schweben ohne Mühe durch die Lüfte.

Wenn wir uns aber in der Gegenwart des Herrn in intensiver Beziehung zur Gnade und Wahrheit befinden und gleichsam mit diesen göttlichen Größen "lustwandeln", werden wir zum Jubelruf fähig werden, so daß unser fröhlicher Mund uns sogar die Jugend erneuern wird. Das geschieht ja bekanntlich auch bei den Adlern.

Das ist alles ein einziges Bild für die Fähigkeit der Gnade, uns wiederherzustellen, uns Erneuerung zu schaffen, und zwar nicht nur für unser Denken sondern für unseren ganzen Körper. Gott will uns davor bewahren, daß wir alles selbst machen und energiekonsumierend leben und dabei schnellen Verschleiß erfahren.

Die wahren Lebenskünstler sind die Gläubigen, die die Erfahrung des Lebens mit dem Heiligen Geist und der Gnade gemacht haben.

Der himmlische Schutz von Wahrheit und Gnade

Psalm 40,10-12 (Elberfelder Übersetzung)
10 Ich habe Gerechtigkeit verkündet in großer Versammlung; siehe, meine Lippen hemmte ich nicht — Herr, du weißt es!
11 Deine Gerechtigkeit habe ich nicht verborgen im Inneren meines Herzens; deine Zuverlässigkeit und deine Hilfe habe ich ausgesprochen, deine Gnade und deine Wahrheit nicht verhehlt vor der großen Versammlung.
12 Du, Herr, wirst dein Erbarmen nicht von mir zurückhalten; deine Gnade und Wahrheit werden beständig mich behüten.

Psalm 57,10-11, 4-5, 7 (Elberfelder Übersetzung)
10 Ich will dich preisen unter den Völkern, Herr, will dich besingen unter den Völkerschaften.
11 Denn groß bis zu den Himmeln ist deine Gnade, und bis zu den Wolken deine Wahrheit.
4 Er sende vom Himmel und rette mich; gehöhnt hat der, der mir nachstellt. Gott sende seine Gnade und seine Wahrheit, er errette meine Seele.
5 Mitten unter Löwen liege ich, die Menschen verschlingen. Ihre Zähne sind Speere und Pfeile, und ihre Zunge ist ein scharfes Schwert.
7 Ein Netz haben sie meinen Schritten gestellt, er hat meine Seele gebeugt. Sie haben mir eine Grube gegraben, sie sind mitten hineingefallen.

Zunächst preist der Psalmschreiber den Herrn, weil seine Gnade groß bis zu den Himmeln ist und seine Wahrheit bis zu den Wolken geht.

Dann stellt er fest, daß diese Wahrheit und die mit ihr verbundene Gnade wunderbare schutzgebende Wirkung haben. Sie erretten seine Seele. Er ist zwar umgeben von Löwen und finsteren Kräften, die Menschen verschlingen können. Ihre Zähne sind Speere und Pfeile und ihre Zunge ist wie ein scharfes Schwert. Es sind also Kräfte der Lüge und doch können sie nicht an ihn, weil die Wahrheit und die Gnade ihn beschützen. Mit der Wahrheit und ohne Bitterkeit und Selbsterlösungsanspruch sind die Gläubigen einfach unüberwindlich. Dämonische Kräfte und Strukturen wollen uns fortwährend Fallen stellen und in Netzen fangen. Aber durch die göttliche Wahrheit und Weisheit fallen sie in ihre eigenen Gruben. Das macht die Herrlichkeit Gottes, die sich über die ganze Erde erhebt (Vers 6 und Vers 12). Sollte auch das ein Hinweis darauf sein, daß die Wahrheit und Gnade Gottes identisch sind mit seiner Herrlichkeit, das heißt also letztlich mit seinem Heiligen Geist?

Psalm 61,7-8 (Elberfelder Übersetzung)
7 Du wirst Tage zu den Tagen des Königs hinzufügen; seine Jahre mögen sein wie Geschlecht auf Geschlecht.
8 Er möge ewig thronen vor dem Angesicht Gottes. Bestelle Gnade und Wahrheit, daß sie ihn behüten.

Das Thema, das David hier anschlägt, ähnelt sehr der Verheißung von Psalm 103,5. Dort hatten wir gesehen, daß der Herr unsere Jugend erneuern will, wenn wir durch seine Gnade und Wahrheit unseren Mund fröhlich machen lassen. So soll auch hier der König David erfahren, daß weitere Tage den Tagen des Königs hinzugefügt werden mögen.

Eine weitere Ähnlichkeit ist auffällig. Der König David soll thronen vor dem Angesicht Gottes, dort wo Gottes Gnade und Wahrheit sind. Diese werden ihn dann behüten, das heißt ihm Schutz verschaffen.

Menschen der Gnade, daß sind jene, die sich nicht selbst schützen, sich nicht selbst erlösen und selbst sichern. Das sind gleichzeitig die Menschen der Wahrheit, die die Maßnahmen Gottes für sich wirken lassen, um nicht alles selbst zu tun. Sie können getrost und ruhig unter der Garantie Gottes wandeln, daß ihnen kein Schaden zustoßen soll. Wahrheit und Gnade sind die stärksten Schutzkräfte. Siehe dazu auch Psalm 91,4: "Seine Wahrheit ist Schirm und Schild".

Das Reich Gottes, das Erweckung und Wohlergehen gibt

Psalm 85,10-14 (Elberfelder Übersetzung)
10 Führwahr, nahe ist sein Heil denen, die ihn fürchten, damit Herrlichkeit wohne in unserem Land.
11 Gnade und Wahrheit sind sich begegnet, Gerechtigkeit und Frieden haben sich geküßt.
12 Wahrheit wird sprossen aus der Erde, Gerechtigkeit herniederschauen vom Himmel.
13 Auch wird der Herr das Gute geben, und unser Land wird seinen Ertrag bringen.
14 Gerechtigkeit wird vor ihm hergehen, und er wird ihre Tritte zum Weg machen.

Wenn wir in der Furcht des Herrn vor Gott wandeln, was weit davon entfernt ist, daß wir Angst vor Gott haben, dann wird seine Herrlichkeit in unserem Lande wohnen. Furcht Gottes, also die Befähigung, mit Freuden gehorsam sein zu wollen, wird uns durch einen Bund gegeben, der durch den Geist der

Furcht des Herrn zur Anwendung kommt (Jeremia 32,40-41). Die Herrlichkeit, die dann unser Land erfüllt, äußert sich darin, daß sich Gnade und Wahrheit begegnen. Wo aber das geschieht, da küssen sich Gerechtigkeit und Frieden und Wahrheit sproßt auf der Erde.

Die Folge davon wird eine geistliche Erneuerung sein, indem auf Erden Wahrheit anerkannt wird und die Gerechtigkeit vom Himmel herabschaut. Dann wird der Herr seinem Volk Gutes geben und Wohlergehen verschaffen.

Hier sehen wir die schutzgebende Wirkung von Gottes Wahrheit und Gnade. Allerdings, so hebt der Text ausdrücklich hervor, dürfen wir diese Wahrheit und Gnade nicht tief in unserem Herzen vergraben. Wir müssen den Mut haben, öffentlich zu ihr zu stehen. Das betrifft unsere Versammlungen und Gottesdienste in erster Linie. Dann werden wir erleben, daß seine Gnade und Treue uns ständig behüten und daß der Herr sein Erbarmen von uns nicht zurückhalten wird.

Diese Folgen liegen im Wesen von Gottes Wahrheit und Gnade. Wenn wir das nicht nur erkennen und glauben, sondern auch mit unserem Munde bekennen, dann stellen wir uns öffentlich zu Gottes ureigenem Wesen und Anliegen. Was wir aber glaubend aussprechen, das werden wir, ja das müssen wir erfahren.

8. Kapitel

Wirkweise und Anwendungsbereiche des Reiches Gottes

Jesus hat uns eine sehr einfache, fast rührende Geschichte hinterlassen, die uns lehrt, wie man des Reiches Gottes teilhaftig wird.

> **Markus 10,13-16**
> **13 Und sie brachten Kinder zu ihm, daß er sie anrührte. Die Jünger aber fuhren die an, die sie trugen.**
> **14 Da es aber Jesus sah, ward er unwillig und sprach zu ihnen: Lasset die Kinder zu mir kommen und wehret ihnen nicht; denn solcher ist das Reich Gottes.**
> **15 Wahrlich, ich sage euch: Wer das Reich Gottes nicht empfängt wie ein Kind, der wird nicht hineinkommen.**
> **16 Und er herzte sie und legte die Hände auf sie und segnete sie.**

Viele Eltern brachten ihre Kinder, damit Jesus sie anrühre. Diese Eltern mußten intuitiv oder durch die Erfahrung, die sie bei anderen gemacht hatten, wissen, daß dabei mit den Kindern etwas Positives geschieht. Sonst hätten sie gewiß ihre Kinder nicht gebracht.

Die Jünger waren darüber erzürnt und verärgert und wollten die Eltern offenbar zurückweisen. Für sie war es eine Störung des messianischen Auftretens Jesu und des Nimbus von Hoheit und Unnahbarkeit, den sie gern um ihn sehen wollten. Für Jesus war das aber die Mitte seines Dienstes. Wir lesen immerhin, daß er *unwillig* darauf reagierte, als die Jünger die Kinder abdrängen wollten. Er sagte, daß man die Kinder zu ihm kommen lassen und nicht wehren solle; denn solchen gehörte das Reich Gottes. Anschließend fügt er noch hinzu, daß wer nicht das Reich Gottes wie ein Kind empfängt, nicht hineinkommen kann.

Das ist die entscheidende Botschaft, die der Herr uns mit dieser Begebenheit hinterlassen hat. Er liebte Kinder, er segnete sie und fühlte sich in ihrer Umgebung wohl. Sie sind Kandidaten des Reiches Gottes und weisen in ihrem Verhalten alle typischen Merkmale auf, die für das Reich Gottes prädestinieren. Natürlich muß man von neuem geboren werden, um das Reich Gottes sehen und hineinkommen zu können (Johannes 3,3-5). Diese einmalige Grunderfahrung der Lebensübergabe an Jesus reicht aber nicht aus. Man kann zum Beispiel durch Angst oder durch eine große Not ins Reich Gottes getrieben werden, oder ein Trittbrettfahrer sein, wie ihn Jesus in Matthäus 13,15 beschrieben hat. Das war ja jener Schriftgelehrter, der wohl einiges über das Reich Gottes gelernt hat, aber dennoch seine Natur als gesetzlicher Schriftgelehrter beibehalten hatte.

Wir müssen die Natur und das Verhalten eines Kindes entwickeln, um den Erfordernissen des Reiches Gottes gerecht zu werden und zu wachsen. Was ist nun so typisch und lobenswert an der kindlichen Mentalität und damit auch dem Reich Gottes förderlich? In erster Linie unbekümmerte und vertrauensvolle Bereitschaft, alle Informationen der Erwachsenen ohne Zweifel und Abwehr zu empfangen. Die Kinder prüfen nicht die Aussagen der Großen. Sie nehmen alles für bare Münze, verlassen sich völlig darauf und machen sich von ihren Informationen gänzlich abhängig.

Dieses typische Verhalten von Kindern beschreibt die Gläubigen, die ins Reich Gottes hineinkommen und dort bleiben und wachsen wollen. Wenn uns Gott in seinem Wort seine großen Wahrheiten und seine unfaßliche Gnade vermittelt und erklärt und damit die verwirrenden Phänomene des Lebens gliedert und deutet, dann sollten wir diese göttliche Information ohne wenn und aber annehmen. Von uns erwartet der Herr wie von Kindern, daß wir uns total seinem Denken überliefern, uns auf Gedeih und Verderb seiner Wahrheit und Gnade überlassen, nichts in Zweifel ziehen und als einzig gültige Erkenntnisquelle seine Wahrheit akzeptieren.

Das ist der Weg zurück zur Gradlinigkeit, Eindeutigkeit und Festlegung, den wir Nachfolger Jesu dringend brauchen. Niemand, der diesen Weg beschreitet, muß Angst haben, daß er damit zu den großen Vereinfacherern übergegangen ist und

Wert und Würde einbüßt. Es bedarf gewiß des Mutes, in einer Gesellschaft, die sich dem Pluralismus und der Sucht des Relativierens und Differenzierens um deren selbst willen verschrieben hat, die großen Wahrheiten der Schrift ungebeugt, unverändert und unverkürzt zu erklären und auszuleben. Solche Menschen werden verachtet, diffamiert und bekämpft werden. Es gilt heute einfach als unschicklich und primitiv, Wahrheiten zu haben und Antworten zu geben, wenn alle nur fragen und hinterfragen. Es wird kaum zu umgehen sein, daß die kühnen Verkündiger der Wahrheit auch gewisse Formen der Verfolgung erleiden.

Verfolgt werden ja nur diejenigen, die nicht mit dem Strom schwimmen und sich nicht gesellschaftskonform verhalten. Diese werden von den biederen Menschen, leider häufig auch von manchen angepaßten Christen nicht akzeptiert und aus ihren Reihen ausgestoßen. Natürlich gibt es auch seltsame und ungehobelte, ungeheiligte Käuze im Reich Gottes, deren Verschrobenheit, Fanatismus und Engherzigkeit nicht zu ertragen ist. Wenn ihre Umgebung sich von diesen abwendet, dann ist das normal.

Aber es ist leider auch normal, daß alle, die ihrem Herrn konsequent folgen, Ablehnung erfahren müssen.

Diese Erfahrung ist in den Augen unseres Herrn so zwingend, daß er sie in der Bergpredigt sogar als eine Gesetzmäßigkeit formuliert hat:

> **Matthäus 5,10**
> **Selig sind, die um Gerechtigkeit willen verfolgt werden; denn das Himmelreich ist ihrer.**

Muß man dieses Wort des Herrn so verstehen, daß denen und nur denen, die um der Gerechtigkeit willen verfolgt werden, das Himmelreich gehört? Diese Deutung ist wohl unumgänglich, wenn wir an das Wort von Paulus denken, daß allen, die gottselig leben wollen, Verfolgung widerfahren muß (2. Timotheus 3,12). Wir sehen also, daß die Auswirkungen des Reiches Gottes bei dem Gläubigen, der sich ohne Vorbehalt und Abstriche der Wahrheit und Gnade Gottes ausgeliefert hat, markant sind und gesetzmäßig zur Ablehnung und gar Verfolgung führen. Das muß man wissen, wenn man sich darauf einläßt.

Neue Umgangsformen in der Gesellschaft

Wir kommen von der Frage her, wie wir anders werden können. Wir haben gelernt, daß das Reich Gottes das konzentrierte Angebot von neuen Denkinhalten darstellt, die alle die Wahrheit und Gnade Gottes ausdrücken. Wer diese übernimmt wird anders, möglicherweise in einem weitaus größerem Maße, als er es zunächst vorhatte. In den nächsten beiden Beispielen aus der Lehrtätigkeit Jesu wird uns nun im Einzelnen beschrieben, welches die Voraussetzungen und Konsequenzen dieser Veränderung unserer Haltung sind. Jesus lehrt uns dabei, wie ein neues Denken, ein neues Verhalten erzeugt, ohne daß er in diesem Zusammenhang den Begriff des Reiches Gottes erwähnt.

> **Lukas 9,46-50**
> **46 Es kam aber der Gedanke unter sie, welcher unter ihnen der Größte wäre.**
> **47 Da aber Jesus den Gedanken ihres Herzens erkannte, nahm er ein Kind und stellte es neben sich**
> **48 und sprach zu ihnen: Wer dies Kind aufnimmt in meinem Namen, der nimmt mich auf; und wer mich aufnimmt, der nimmt den auf, der mich gesandt hat. Denn wer der Kleinste ist unter euch allen, der ist groß.**
> **49 Da hob Johannes an und sprach: Meister, wir sahen einen, der trieb böse Geister aus in deinem Namen; und wir wehrten ihm, denn er folgt dir nicht mit uns.**
> **50 Und Jesus sprach zu ihm: Wehret ihm nicht! Denn wer nicht wider euch ist, der ist für euch.**

Diese Geschichte ist eine einzige Offenbarung über unsere Art, wie wir denken, was hinter unserem Denken an Wertvorstellungen liegt und wie wir ohne Gottes Gedanken verdammt sind, in die Irre zu gehen.

Jesus sah die Gedanken der Jünger, die sich fragten, wer unter ihnen der Größte wäre.

Was war nun der Gedanken- und Wahrheitsbefund bei den Jüngern? Sie wollten jeweils der Größte sein, das heißt auch, derjenige, der dem anderen überlegen war. Damit waren sie genötigt, sich zu vergleichen und herauszufinden, wer ihnen nahekommen und gefährlich werden könnte. Sie spürten einen Bedarf an Überlegenheit, was beweist, daß sie an ihrer Durchschnittlichkeit oder ihren Defiziten litten. Sie wollten mit ihrer nachgewiesenen Größe und Überlegenheit ihren Stolz und ihre Selbstgefälligkeit vermehren, um durch Anerkennung Lust zu erzielen. Sie wußten, daß sie das selbst bewerkstelligen mußten, und sie wollten es auch selbst tun, weil das nach ihrer Sicht die größte Ehre und damit die größte Freude freisetzt.

Was ist nun der Befund des Evangeliums, insbesondere der des Reiches Gottes dazu?

- Wer sich seine Größe und daraus seine Lust selbst verschafft, lebt in der Unabhängigkeit und steht praktisch im Gegensatz zu Gott.
- Das Erlangen von Überlegenheit in ständiger Konkurrenz zu anderen, die dasselbe wollen, erfordert den ganzen Einsatz, ist außerordentlich mühsam und strapaziös, verbraucht alle Leistungsreserven und führt zur Erschöpfung.
- Schließlich führt es nicht zum Erfolg, weil darauf von Anfang an der Fluch liegt.

Jesus durchschaut die Gedanken der Jünger. Er liebt sie und weist ihnen den Weg zur Anwendung von göttlicher Wahrheit anhand eines Beispiels. Er nimmt ein Kind (dem ja bekanntlich das Reich Gottes gehört) und sagt: wer ein solches Kind in seinem Namen aufnimmt, der nimmt ihn auf, und wer ihn aufnimmt, der nimmt den Vater auf. Dann fügt er hinzu: "Denn wer der Kleinste ist unter euch allen, der ist groß".

Was hat das alles mit dem Reich Gottes zu tun? Jesus wollte mit dieser Veranschaulichung folgende göttliche Wahrheiten und Gedanken einführen: Wer der Größte sein will und seine Größe selbst herstellen und beweisen will, wird sich mit Menschen umgeben, in deren Gegenwart, Glanz und Bedeutung er selbst wachsen und dadurch Anerkennung bei anderen und vor seinem eigenen Geltungsbedürfnis finden wird.

Wer aber das tut, verkennt, daß er sich damit von Menschen und günstigen Außenbedingungen abhängig macht. Beides aber hat keinen Bestand, ist nicht verläßlich und raubt obendrein demjenigen, der sich dem unterstellt, die Freiheit. Das Ende ist eine unausweichliche Katastrophe.

Jesus empfiehlt einen gänzlich anderen Weg. Wir sollen in seinem Namen Menschen, wie das so unbedeutende Kind, das er gerade in die Mitte der Jüngerschar gestellt hat, anerkennen, lieben und aufnehmen. Allerdings soll es in seinem Namen geschehen, das heißt, nach seinem Auftrag, gemäß seinem Wort, in seiner Kraft und Befähigung und an seiner Statt.

Wenn wir, nachdem Gott gesprochen und uns zur Liebe befähigt hat, bewußt absehen von bedeutenden Menschen Ehre zu holen, sondern uns den unscheinbaren Menschen am Rande der Gesellschaft hingeben, dann geschieht etwas Außerordentliches in uns: Wir wenden die Wahrheit an, daß Gott vor allem Vorrang hat. Wir streben zuerst nach seinem Reich und nach seiner Gerechtigkeit und profilieren uns nicht selbst vor Menschen, sondern erwählen zum Beispiel ein unbedeutendes Kind.

Indem wir ein solches Kind lieben, bestätigen und aufnehmen, was wir nur dadurch tun können, daß wir zuvor selbst von Gottes Liebe gefüllt und gesättigt worden sind, tun wir in den Augen Gottes daß Größere. Wir beweisen dann, daß wir ihm gefallen wollen, daß wir den unsichtbaren Gott vor Augen haben und mit unserem Gehorsamsakt ihn als entscheidende Größe anerkennen und daß es uns wichtig ist zu wissen, was Gott über uns denkt und nicht die Menschen.

Um so handeln zu können, müssen die Wahrheiten des Wortes Gottes uns nicht nur vertraut, sondern bereits zu dem Bestandteil unseres Denkens und Wesens geworden sein. In den Augen Gottes sind wir dann groß, weil wir die richtigen Prioritäten gesetzt haben, somit in der Wahrheit geblieben sind. Weil Gott uns gerne ehrt und groß machen möchte, wird er diese Wertschätzung unserem Selbstwertgefühl vermitteln, so daß wir uns selbst als in Gott Geborgene, als Geliebte und von ihm Bestätigte erleben.

Dahinter steckt eine weitere Wahrheit: Wir können nur von einer Instanz Bestätigung und Beförderung erheischen und bekommen. Entweder holen wir sie von den Menschen, was im Regelfall nur für kurze Zeit funktioniert, oder von Gott, der verläßlich ist und uns ständig bestätigt und aufbaut.

Wenn wir also die Wahrheiten Gottes zu unseren eigenen und führenden Gedanken machen, werden wir einen maximalen Ertrag einbringen. Wer mit Gott als dem entscheidenden Faktor rechnet, erlebt ihn auch, erfährt seine Liebe, seine Hilfe und Gegenwart. Indem er nun Gottes Anerkennung und seinen allseitigen Beistand erfährt, wird er von dem Zwang befreit, sich selbst helfen zu müssen. Dadurch wird er das Wohlgefallen Gottes finden, was zunächst den umgebenden Menschen nicht erkennbar ist, um dann später auch sichtbar mit Ehre überschüttet zu werden.

Dann gibt es noch einen weiteren Faktor in dieser Kalkulation: Diejenigen, die sich selbst helfen wollen und Menschen ihrer Umgebung, ohne daß sie es wissen, dafür in ihre Dienste stellen, gehen eines gewaltigen Segens verlustig. Sie können nicht lieben! Wer sich selbst hilft, wer sich seine Lust durch eigene Operationen, Maßnahmen und kunstvolle Arrangements des Herrschens und der Einflußnahme verschaffen will, kann keine Geschenke annehmen, ist deswegen nicht empfänglich für Liebe und kann nicht Liebe geben. Er ist der Ärmste unter den Menschen, denn ein Leben ohne Liebe ist eine Qual.

Mit der einfachen Handlung Jesu, der ein Kind in die Mitte der Jünger stellte und sie auffordert, in seinem Namen das Kind zu lieben und anzunehmen, sind alle diese göttlichen Wahrheiten zur Anwendung gekommen. Nichts, wirklich nichts unter allen denkbaren irdischen Angeboten an Gedanken und Weltanschauungen kommt dem gleich, was unser Herr uns in beeindruckender Prägnanz und Anschauung offenbart.

Großsein wollen — Variation desselben Themas

An dem Begehren, vor Menschen bedeutend und groß werden zu wollen, beweisen wir, daß wir es der eigenen Einschätzung nach nicht sind. An dem Weg, den wir einschlagen, um unser Ziel zu erreichen, wird dann ferner unsere Wahrheits- bzw. Unwahrheitsausstattung in unserer Gedankenwelt offensichtlich. In der folgenden Szene und dem von Jesus zugefügten Gleichnis, wird diese Thematik erneut abgehandelt:

Lukas 14,7-11
7 Er sagte aber ein Gleichnis zu den Gästen, da er merkte, wie sie suchten, obenan zu sitzen, und sprach zu ihnen;
8 Wenn du von jemand geladen wirst zur Hochzeit, so setze dich nicht obenan, daß nicht etwa ein Vornehmerer als du von ihm geladen sei,
9 und dann komme, der dich und ihn geladen hat, und spreche zu dir: Weiche diesem! und du müssest dann mit Scham untenan sitzen.
10 Sondern wenn du geladen wirst, so gehe hin und setze dich untenan, auf daß, wenn da kommt, der dich geladen hat, er spreche zu dir; Freund, rücke hinauf! Dann wirst du Ehre haben vor denen, die mit dir zu Tische sitzen.
11 Denn wer sich selbst erhöht, der soll erniedrigt werden; und wer sich selbst erniedrigt, soll erhöht werden.

Jesus erkannte auch in diesem Fall die Gedanken der geladenen Gäste. Er merkte, daß sie alle danach trachteten, möglichst weit oben an der Tafel sitzen zu können.

Der Wahrheitsbefund gemäß ihrer Denkweise war folgender:

* Ich will bedeutend sein und meine Bedeutung auch nachweisen.
* Ich treffe selbst die Einschätzung der Wichtigkeit meiner Person. Ich bestimme die Reihenfolge der Sitzordnung.
* Ich will ganz oben sitzen, denn je höher am Kopf der Tafel, umso mehr Ehre, umso mehr Lust.

Weil Jesus ihre Gedanken- und Wertevorstellungen erkannt hatte, reagiert er mit einem Gleichnis, das ihnen die Augen öffnen soll, um sie zu segnen. Wer sich indessen der Wahrheit, die im Gleichnis ausgedrückt wird, verschließt, wird nicht den Segnungsaspekt, sondern den Beraubungsaspekt des Gleichnisses sehen. Seine Perspektive ist dann von vorn herein verkehrt, so daß er die einfachsten geistlichen Wahrheiten nicht erkennen kann. Jesus will mit dem Gleichnis folgendes ausdrücken:

1. Wenn du dich selbst plazierst und zwar möglichst hoch am Kopf der Tafel, läufst du Gefahr, heruntergestuft zu werden. Diese Art von Demütigung muß nicht sein: "Ich will sie dir ersparen" (Jesus hat seine besondere Vorstellung von Demütigung. Er will nicht, daß andere uns demütigen). Das ist ein sehr bemerkenswerter Aspekt.

2. Wir sollen befördert werden und dadurch zu Ehren kommen, wozu der Herr andere anstellt. Diese Beförderung sollen wir uns aber ausdrücklich nicht selbst verschaffen.

Daß wir zu Ehren kommen sollen, das ist eine herausragende biblische Wahrheit, die in der hellenistisch eingefärbten Frömmigkeit des Abendlandes fast vollständig untergegangen ist.

3. Die Voraussetzung zu einer Beförderung, zu der der Herr Menschen anstiftet, liegt darin, daß wir demütig sind und uns deswegen vor Menschen in angemessener Form auch demütigen. Das sieht so aus, daß wir als Demütige die besondere Liebe und Bestätigung des Herrn schon empfangen haben. Denn wer demütig ist, ist vom Herrn abhängig. Wer sich aber vom Herrn abhängig macht, der wird von seiner Liebe überschüttet, er bleibt in seiner Liebe und wird seine Freude blei-

bend in sich haben. Ein solcher Glaubender ist schon bestätigt, und ihm geht es bereits gut (Johannes 15,9-11).

Der Zusammenhang und die Schlüssigkeit von Wahrheit ist bei denen, die wahrhaftig sind, durchgängig nachweisbar: Jemand, der in wahrer Demut ständig Gottes Liebe und Freundlichkeit erlebt, bringt kein Opfer, wenn er sich an das Ende der Tafel setzt, weil es ihm schon gut geht. Das Motiv, durch entsprechende Sitzordnung unbedingt Aufwertung und Anerkennung zu finden, ist nicht vorhanden, nicht nötig und auch nicht möglich.

4. Indem sich nun dieser Geladene in der Haltung von bereits empfangener Fürsorge und Liebe Gottes zurücknimmt, wird er eine zusätzliche Wirkung der göttlichen Wahrheit in vollem Maße erfahren: Weil er sich erniedrigt, deswegen wird Gott ihn erhöhen.

5. Dieser Vorgang erfolgt im Rahmen eines Geschenkes. Er ist der Empfangende und zwar nicht im Sinne einer Gegenleistung, sondern als einer, der Geschenke empfängt. Auch dadurch gilt für ihn, daß ihm das größte Geschenk widerfährt, nämlich liebesfähig zu werden und zu bleiben.

Exkurs: Jesus sagt (Vers 10) " . . . auf daß, wenn da kommt, der dich geladen hat, er zu dir spreche: Freund, rücke herauf."

Ist es richtig, sich in Erwartung der Beförderung zu erniedrigen? Die Antwort lautet eindeutig: ja. Es geht eigentlich gar nicht anders. Der Wille gesegnet zu sein, befördert zu werden und zu Ehren zu kommen, ist für sich nirgendwo in der Bibel als eine Untugend gebrandmarkt. Er ist sogar bei genauem Hinsehen die Voraussetzung für allen Fortschritt. Wir können grundsätzlich nur das wollen, was uns ein Fortschritt an Freude, Lust und Wohlergehen verspricht. Das ist ein Teil der mentalen Grundausstattung, für die wir nichts können und die Gott in unser Wesen hineingelegt hat.

Entscheidend ist, wie wir zur Beförderung gelangen. Es bleibt immer noch ein Wahrheits- und Glaubens- und Demutsakt, wenn wir uns selbst erniedrigen, um dann anschließend von

Gott oder anderen erhöht zu werden. Dazu sind die anderen, insbesondere die theoretischen Besserwisser nicht imstande. Sie lamentieren nur darüber, daß wir an ihnen vorbeigezogen sind und wollen insgeheim auch dort sein, wohin uns Gott befördert hat. Aber sie sind nicht bereit, diesen angeblich billigen Preis zu zahlen.

Nachdem Jesus durch dieses Gleichnis die verborgenen Gedanken der Gäste aufgedeckt und zurecht gerückt hat, wendet er sich an den Einladenden. Er fragt ihn indirekt: Weißt du eigentlich, was dein Motiv mit deiner Einladung war? Dann sehen wir, wie der Herr in seinen Ausführungen noch auf etwas anderes zielt. Er gibt nämlich zu verstehen, daß hinter dem Motiv noch grundätzlichere Wahrheitsprinzipien standen.

Verstehen wir, was der Herr dem Gastgeber eigentlich sagen will, indem er ihn ebenfalls auffordert, bei einem nächsten Mal, wenn er ein Mahl bereitet, die Armen, Krüppel, Lahmen und Blinden einzuladen?

Jesus will uns sagen, daß unsere Motive noch nicht die letzte und grundsätzlichste Ebene unseres Handelns darstellen. Dahinter gibt es noch die Ebene der Denk- Werte- und Wahrheitsvoraussetzungen. Aus diesen folgern unsere Motive, in einer bestimmten Weise initiativ werden zu müssen. Ich will es anhand der Einsichten, die wir gerade eben gewonnen haben, erklären:

Der Gastgeber fühlte in sich den Drang, etwas zu tun, was ihm Lust, Anregung, Erfüllung und Bestätigung verschafft. Dahinter war die unbewußte Wahrnehmung, daß es da einen Mangel an Wertgefühl und Erfüllung gab. Dieser Mangel und das Streben, ihn auszufüllen, ist keine Sünde. Darin drückt sich ein Urverlangen aus, das uns allen gemein ist.

Dieser Gastgeber sah jedoch nur eine Möglichkeit, dieses Defizit zumindest teilweise zu vermindern, indem er sich durch eine Feier mit anerkannten, berühmten und fähigen Persönlichkeiten umgab, in deren Gegenwart er selbst Freude, Lust und Anerkennung zu empfangen suchte. Sein grundsätzlicher

Fehler bestand darin, daß er die verkehrten Wahrheiten hatte. Sie waren demnach Unwahrheiten. Er glaubte nämlich, daß er sich selbst die Lust aktiv verschaffen kann, indem er dazu Menschen einlud und benutzte. Das war erneut das Prinzip der Selbsthilfe.

Weil er keine andere Wahrheit hatte, aus der er leben konnte, mußte er so handeln. Seine verkehrte Wahrheitsausstattung war Ursache zu einem verkehrten Motiv.

Bei Jesus lesen wir, daß wir uns unsere Fehler und Defizite, aber auch Bedrückung und Belastung, eingestehen sollen, wenn wir zu ihm kommen. Jesus sagt, (Matthäus 11,28-30) daß alle, die mühselig und beladen sind, zu ihm kommen sollen. Er will sie erquicken. Er fordert uns also auf, zu ihm zu kommen, um erquickt zu werden. Bei ihm, der demütig und sanftmütig ist, können wir Ruhe für unsere Seelen finden.

Wir sollen also kommen, um zu empfangen und zwar umsonst zu empfangen. Aber dann, nachdem wir vom Herrn empfangen haben, sollen wir den anderen, die *nicht* zurückzahlen können, den Armen, Schwachen und Blinden, von denen Jesus in diesem Gleichnis erzählte, geben, was wir zuvor selbst empfangen haben.

Der dritte Schritt in dieser Reihenfolge von göttlichen Wahrheiten besteht nach vielen Zeugnissen der Heiligen Schrift darin, daß wir dann anschließend weiteren und umfassenderen Segen erfahren. So steht zum Beispiel in Sprüche 19,17: "Wer sich der Armen erbarmt, der leiht dem Herrn und der wird ihm vergelten, was er Gutes getan hat."

Alle diese Schritte bleiben bloße Moral, wenn nicht zuvor die Wahrheiten des Evangeliums von uns übernommen worden und zum Bestandteil unseres Denkens geworden sind. Diesen Wahrheiten ist ja, wie wir viele Male gesehen haben, das Bestreben eigen, uns zu durchdringen und zu verändern. Nur durch Wahrheit veränderte Personen sind imstande, diese von Jesus angemahnten richtigen Verhaltensweisen aufzubringen, um damit in dem Gefüge von Wahrheit und Gnade zu bleiben und immer mehr Auswirkungen von Wahrheit in Gestalt von Förderung, Wachstum und Segnung zu empfangen.

Ohne Wahrheit sind die elementarsten Regungen unseres Herzens schon von Anfang an verkehrt. Selbst unsere Motive bleiben dann nicht davon ausgenommen. Sie werden uns unweigerlich in die verkehrte Richtung drängen. Es gibt auf dieser Erde nichts Grundsätzlicheres, als das herrliche Angebot von Gottes Wahrheit und Gnade, das identisch ist mit seinem großen wunderbaren Reich.

Die Vollmachtsfrage

Daß das Reich Gottes etwas mit Autorität und Kraftausübung zu tun hat, konnten wir bereits an der Feststellung Jesu erkennen: "Wenn ich durch den Heiligen Geist die bösen Geister austreibe, dann ist das Reich Gottes zu euch gekommen." Wir haben ferner festgestellt, daß die Beschreibung der Evangelien von Jesu Predigt- und Lehrtätigkeit über das Reich Gottes immer verbunden war mit Krankenheilungen und Machtausübung über dämonische Geister, die in seiner Gegenwart weichen mußten. Jesus sagte ferner, daß wir, wenn wir bei seinem Wort bleiben, wir in seinem Wort die Wahrheit erkennen werden und daß uns dann die Wahrheit freimacht. Das betrifft in erster Linie denjenigen, der selbst Befreiung braucht, aber auch die Position des Seelsorgers und jedes geistlichen Dienstes an anderen. Wer die Wahrheit erkannt hat und in der Wahrheit lebt, hat, wie es im Dienst Jesu erkennbar war, auch Macht über finstere Kräfte, von denen andere geplagt und freigesetzt werden wollen.

Damit sind wir bei dem Thema Salbung. Wenn man engagierte, geisterfüllte Christen fragen würde, was eigentlich Salbung sei, dann würden sie sinngemäß von einem gewissen Fluidum von Vollmacht und Kraft reden, das Gott Einzelnen gibt, die besonders hingegeben leben, viel beten, sich eine heilige Disziplin auferlegen und Menschen von großer Liebe und Erbarmen sind. All das ist in einer gewissen Weise auch richtig. Es ist aber nicht das Wesen der Salbung. Dieses verrät uns der 1. Johannesbrief. Der Befund ist überraschend:

1. Johannes 2,20-21,27
20 Doch ihr habt die Salbung von dem, der heilig ist und wisset alles.
21 Ich habe euch nicht geschrieben, als wüßtet ihr die Wahrheit nicht; sondern ihr wisset sie und wisset, daß keine Lüge aus der Wahrheit kommt.
27 Und die Salbung, die ihr von ihm empfangen habt, bleibt in euch, und ihr bedürfet nicht, daß euch jemand lehre; sondern wie euch die Salbung alles lehrt, so ist's wahr und ist keine Lüge, und wie sie euch gelehrt so bleibet in ihm.

Diese Schriftworte geben uns eine erstaunliche Definition der Salbung. Durch die Salbung, die natürlich immer eine Salbung des Heiligen Geistes ist, haben wir alles Wissen! Johannes erläutert dann weiter, daß die Briefempfänger die Wahrheit wissen und auch die Wahrheit insofern genau kennen, als sie keinerlei Lüge von der Wahrheit erwarten.

Ferner sagt uns dieses Wort, daß die Salbung auf Grund der genauen Erkenntnis der Wahrheit uns richtig lehrt, wie wir uns zu verhalten haben. Die Salbung verleiht vorrangig also nicht Wissen, sondern geht von gegebenem Wissen aus, um uns dann genau zu lehren, wie wir damit erfolgreich tätig werden können, die Attacken des Feindes parieren und das Reich Gottes durchsetzen können. Wer völlig in der Wahrheit ist, der hat insofern die Salbung, als er nicht auf die Lüge hereinfällt, selbst nicht mit der Lüge agiert und mit der Wahrheit dem lügenhaften Feind an jeder Stelle erfolgreich entgegentreten kann. Die meiste Kraft geht dadurch unter den Gläubigen verloren, daß sie insgeheim im Denken, Trachten und Handeln durch lügenhafte Anteile in ihrer Haltung gerade mit dem Feind kooperieren, den sie bekämpfen wollen.

Alles andere, was wir eindrucksmäßig als Salbung erleben, ist mehr oder weniger nur die Auswirkung. Das geistliche Zentrum der Salbung ist exaktes Wissen göttlicher Wahrheit. Der Heilige Geist ist der Geist der Wahrheit, der uns genau vermittelt, was Jesus für uns getan hat, der uns in ständiger Verbindung mit Jesus hält und uns durch diese von ihm vollzogene Verbindung Autorität und Kraft verleiht.

Dieser Gesichtspunkt der Salbung wird in Vers 27 deutlich herausgearbeitet: “Die Salbung, die ihr von ihm empfangen habt, bleibt in euch”. Diese Salbung lehrt alles, was wahr ist und frei von Lüge ist und sie lehrt auch, daß wir in ihm, in Jesus, bleiben sollen.

Der Heilige Geist hält sich genau an den Rahmen, den Jesus in Johannes 16,13-14 beschrieben hat: “Wenn aber jener, der Geist der Wahrheit, kommen wird, der wird euch in alle Wahrheit leiten. Denn er wird nicht aus sich selber reden; sondern was er hören wird, das wird er reden, und was zukünftig ist, wird er euch verkündigen. Derselbe wird mich verherrlichen; denn von dem Meinen wird er's nehmen und euch verkündigen.”

Das beschreiben die hier zitierten Verse aus dem 1. Johannesbrief. Die Wahrheit kennen und die Wahrheit richtig anwenden, das heißt, uns so mit Wahrheit zu sensibilisieren, daß man nicht auf die Lüge hereinfällt, das ist Salbung. Identisch damit will der Heilige Geist, der als Geist der Wahrheit diese Salbung bewirkt, seine Lieblingsaufgabe dabei vollführen, nämlich Jesus herauszustellen, uns mit Jesus zu verbinden und uns dazu bewegen, daß wir in ihm bleiben. Ohne ihn können wir nichts tun.

Der Gedanke ist gewöhnungsbedürftig, daß Salbung etwas mit Wissen und Wahrheit zu tun hat. Uns mutet normalerweise diese göttliche Salbung als viel geheimnisvoller und tiefgründiger an. Aber wir sind so stark, wie wir von der Wahrheit des Wortes Gottes - was ja letztlich Jesus ist - erfaßt, erfüllt und bestimmt werden. Daß sich das in so gewaltigen Kraftauswirkungen ausdrückt, wie wir das in den Evangelien sehen, hat einfach damit zu tun, daß unser Widersacher die Lüge in Person ist. Ist die Lüge unschädlich gemacht, kann sich das Reich Gottes ungehindert entfalten.

Wer nicht völlig von der Wahrheit geschützt ist, wird von dieser Lüge infiziert und verführt werden und seine Kraft einbüßen. Wenn wir aber auf jede Äußerung, Anregung oder Einflußnahme des Vaters der Lüge unverdrossen und gradlinig mit Wahrheit reagieren, dann hat der Feind an uns keine Macht. Er wird entlarvt und durch unsere Wahrheit selbst verwirrt und verjagt.

Wir müssen im göttlichen Koordinatensystem von Wahrheit und Gnade unsere eigene Position genau lokalisieren können, um den Schlichen und Verführungen des Feindes nicht zum Opfer zu fallen. Das Reich Gottes ist ein Reich der Wahrheit und des Lichtes, was der Feind nicht ertragen kann.

Wir können nicht die Salbung Gottes, die wir für unseren Dienst auf dieser Erde dringend benötigen, auf unserem Wege erlangen. Das Reich Gottes ist ein Reich der Kraft und äußert sich durch die Salbung des Heiligen Geistes, die zu Heilung, Wunder, Zeichen und Befreiung befähigt. Diese Salbung hat ein unverfälschbares Siegel: Wahrsein, die Wahrheit wissen und die Wahrheit mit Gnade anwenden.

Bisher veröffentlichte Bücher des Autors beim:
Aufbruch-Verlag

Überwältigt von der Güte Gottes
49 Seiten, 5,— DM

Über den Umgang mit einem besiegten Feind
48 Seiten, 5,-

Das Erbe der Erwachsenen
82 Seiten, 9,— DM

Befreiung
235 Seiten, 20,— DM

Gnade
112 Seiten 9,— DM

Eine vollkommene Erlösung
208 Seiten 17,— DM

Das Kreuz der Gesegneten
98 Seiten 9,— DM

Lust am Herrn
208 Seiten 12,— DM

Erkennen-Glauben-Bekennen
463 Seiten 22,— DM

außerdem im Aufbruch-Verlag erschienen:

Hartwig Henkel: Grundlagen des biblischen Lebensstils
66 Seiten, 8,— DM

Predigtscassetten und Videos des Autors
sind zu beziehen bei:

Aufbruch-Verlag
der Gemeinde auf dem Weg
Babelsberger Str. 37
1000 Berlin 31